MIGUEL SAGÜÉS

GRAMÁTICA ELEMENTAL VASCA

TXERTOA
Donostia-San Sebastián

Ikasmaterial honek Eusko Jaurlaritzako Hezkuntza, Unibertsitate eta Ikerketa Sailaren hizkuntza-azterketaren egokitasun aitormena du. 2011-02-02.

Este libro didáctico ha sido considerado lingüísticamente apto por el Departamento de Educación, Universidades e Investigación del Gobierno Vasco. 02-02-2011.

Portada: Imanol Tapia.

Gramática elemental vasca ha conocido trece ediciones en la colección Ipar Haizea; ésta es la primera en Azkue.

Martin Ugalde Parkea, 20140 Andoain
Teléfono: 943 45 97 57
txertoa@txertoa.com
www.txertoa.com

I.S.B.N.: 978-84-7148-511-3
Depósito Legal: SS-343-2011

Leitzaran Grafikak, S. L. Martin Ugalde Kultur Parkea, Andoain

PRÓLOGO

Las personas utilizamos a diario el lenguaje para comunicarnos. El lenguaje nos resulta tan familiar y cercano que podemos pensar que es algo muy sencillo, algo que no puede encerrar problemas serios. De hecho, hasta los niños más pequeños, a partir del año de edad, empiezan a utilizar este instrumento. No puede ser, por tanto, muy complicado.

Y, sin embargo, lo es. Tiene que ser muy complicado un instrumento que nos permite manejar poco más de 30 sonidos y lograr con ellos un infinito número de mensajes, consiguiendo siempre alguno nuevo, alguno que nunca nadie había construido antes y que ahora nosotros construimos sin ningún esfuerzo, sin darnos cuenta, casi diríamos que sin querer. «El hablante hace un uso infinito de unos medios finitos», dijo el filólogo y estadista alemán Wilhelm Humboldt, allá hacia 1830.

Pero aquí empiezan las dificultades: no es lo mismo «sin darnos cuenta» que «sin querer». Porque, cuando decimos algo, generalmente es porque queremos decirlo. Otra cosa es que terminemos por decirlo «espontáneamente», «sin darnos cuenta» de cómo lo hemos hecho.

Sí, aquí empiezan las dificultades. Hemos titulado este librito *Gramática elemental...* Por tanto, no vamos a traspasar la línea de la sencillez y elementalidad que nos hemos impuesto. No vamos a profundizar en las oscuridades de los problemas que acabamos de atisbar. Pero sí vamos a intentar asomarnos a esas profundidades. A lo sumo, vislumbraremos los perfiles de los fantasmas que las ocupan, de los problemas que adoptan formas distintas pero que consiguen mantener su secreto.

¿Qué relación hay entre el sonido que pronunciamos al hablar y el sentido de las palabras que emitimos? No lo sabemos. Desde el siglo VII a. C. hasta hoy, ya en el siglo XXI, han transcurrido más de 2.600 años; desde los presocráticos a los actuales lingüistas han pasado muchas cosas, hemos avanzado en el conocimiento de muchos secretos de la naturaleza, pero sigue siendo verdad la frase de Chomsky, quien, al recordar al autor del *Discurso del Método*, escribió: «Debemos reconocer honradamente que estamos hoy día tan lejos como lo estaba Descartes hace tres siglos de comprender exactamente qué es lo que permite a un ser humano hablar de un modo que es a la vez innovador, adecuado y coherente».

Hemos dicho que desde el siglo VII a. C. se viene estudiando el fenómeno del lenguaje. Por señalar sólo dos grandes filósofos griegos, diremos que Platón y su discípulo Aristóteles estudiaron este problema apuntando hacia direcciones distintas, pero sin lograr nada definitivo.

En el Renacimiento, un médico navarro, Juan Huarte de San Juan (1529?-1588), abrió un nuevo camino que seguirían más tarde Descartes (1596-1650) y luego la llamada Escuela de Port-Royal (siglo XVII), para ser retomado a mediados del pasado siglo XX por el lingüista americano Noam Abraham Chomsky.

Huarte de San Juan escribió un solo libro, *Examen de ingenios para las ciencias*, mencionado por Chomsky como posible inspirador de Descartes. Pues bien, Huarte de San Juan ya era consciente de que los hombres ingeniosos, «con sólo el objeto y su entendimiento, sin ayuda de nadie, paren mil conceptos que jamás se vieron ni oyeron.../... inventando y diciendo lo que jamás oyeron a sus maestros ni a otro ninguno»[1]. Destaca este autor el poder creativo de la naturaleza humana, dotada de una energía propia con capacidad de *generar* frases, oraciones y enunciados, a partir de los pensamientos, sentimientos y sensaciones que posea el hablante.

Un siglo después de la publicación del *Examen de ingenios para las ciencias* se desarrolla en Francia la escuela de Port-Royal, que publica en 1660 su *Gramática*. En ella se plantea la necesidad de desmontar la «estructura superficial» de la oración para llegar a su «estructura profunda», estructura que se relaciona ya directamente con el sentido de las palabras, con las ideas y el significado que encierran.

La existencia de estas dos estructuras y las relaciones entre ellas será lo que más tarde, a partir de mediados del siglo XX, desarrollará Chomsky con su *Gramática generativa y transformacional*, gramática que, según sus propias palabras, «debe contener el sistema de las reglas que caracterizan las estructuras profundas y las superficiales y la relación transformacional entre las mismas»[2]. En general, muchos lingüistas insisten en analizar la capacidad que tenemos las personas de representar simbólicamente nuestros pensamientos, sentimientos y sensaciones a través de signos, logrando así la acción conjunta del pensamiento y del lenguaje. De alguna manera, no puede haber pensamiento sin algún tipo de lenguaje.

Nosotros, en esta *Gramática elemental vasca*, intentamos explicar cómo se dicen las cosas en castellano y cómo se dicen esas

---

1 HUARTE DE SAN JUAN, Juan, *Examen de ingenios para las ciencias*, Biblioteca de Filósofos Españoles, Madrid, 1930, pp. 43 y 48.

2 CHOMSKY, N. A., *El lenguaje y el entendimiento*, Seix Barral, Barcelona, 1971, p. 35.

mismas cosas en euskera o euskara. Utilizaremos una serie de palabras que podemos considerar «técnicas»: hablaremos de monemas, morfemas, sintagmas, oraciones, sujetos, predicados, etc. Primero, explicaremos estos tecnicismos y, luego, intentaremos explicar con ellos cómo decimos las cosas en castellano y en euskera. Pero siempre nos mantendremos en la superficie, en la «estructura superficial». Nos quedaremos en lo que algunos llaman «el aspecto corpóreo del lenguaje».

Veremos que en muchas ocasiones las estructuras que llamaremos sintácticas son muy parecidas en castellano y en euskera, y en otras muchas ocasiones estas estructuras serán muy distintas. Intentaremos explicarlo utilizando la misma terminología, aunque a veces en euskera encontremos elementos novedosos que recibirán sus nombres particulares.

Pensamos que haciendo esto ayudamos a quienes quieren saber por qué las cosas se dicen en euskera de un modo y no de otro.

Insistiremos en todo momento en qué plano nos estamos moviendo, si es en el plano morfológico o en el plano sintáctico, si hablamos de elementos que significan algo o de lo que significan esos elementos.

Comprobaremos que con frecuencia «asoma el significado» (el plano semántico) de las palabras o de las oraciones, aunque estemos describiendo la forma que tienen esas palabras o esas oraciones, la manera como se construyen.

No avanzaremos hacia las estructuras profundas ni mucho menos hacia las relaciones entre ese nivel profundo y el superficial en que nos moveremos. No entraremos en las operaciones o estructuras operativas que relacionan a la mente, el pensamiento, con el lenguaje. No nos acercaremos al enfoque de Principios y Parámetros cuyas preguntas se esfuerza en contestar el Programa Minimalista mediante especificaciones de diseño y, más concretamente, de diseño óptimo[3].

No entramos tampoco en la «hipótesis de la interdependencia» defendida por el canadiense Jim Cummins[4]. Según esta hipótesis, cuando adquirimos un bagaje de conocimientos sobre la entraña de una lengua (que él llama «competencia cognitivo-académica subyacente»), esos conocimientos nos ayudan para la adquisición de un segundo idioma. Es más, afirma Jim Cummins que en nuestro cerebro los mecanismos que nos permiten hablar en varias lenguas no están separados, sino que son interdependientes. No entramos tampoco en estas profundidades. Simplemente, describimos cómo se organizan las palabras y las oraciones en castellano y en euskera.

Sin embargo, aunque nos quedamos en un plano meramente descriptivo, consideramos que la labor del gramático no se reduce a esta tarea nuestra de registrar y organizar datos sobre el uso de la lengua. El gramático, como científico, no se quedará en los datos sino que intentará ir más allá buscando los ocultos principios de organización que antes hemos llamado «los fantasmas» que ocupan las profundidades de los problemas. Desde aquí, invitamos a quien nos lea a adentrarse por los caminos de la ciencia. El trabajo puede ser duro en algunos momentos, pero siempre será gratificante. De eso estamos seguros.

* * *

Esta *Gramática elemental vasca* está estructurada distinguiendo las dos partes más clásicas de la Gramática, «Morfología» (1) y «Sintaxis» (2), porque creemos que, gracias a su sencillez, este planteamiento permite una visión global de la materia.

---

3 Véase el trabajo de Chomsky «Indagaciones minimalistas», en *El lenguaje y la mente humana*, VVAA. Ariel, Barcelona, 2002, pp. 21-47.

4 Puede consultarse la Revista de Educación, número 326, año 2001, septiembre-diciembre. Número monográfico sobre bilingüismo y educación, pp. 37-61.

Y hemos añadido dos pequeños apartados. En el que lleva el número 3, «Errores más frecuentes», incluimos aquellos errores en los que suelen incurrir los *euskaldunberris*, indicando, a veces, las razones que puedan explicarlos. En el número 4, «Modismos, locuciones y construcciones especiales», ofrecemos una relación de ejemplos en los que se incumple prácticamente todo lo dicho a lo largo de nuestras explicaciones. Como decimos al presentarlos, «son palabras o pequeños conjuntos de palabras que constituyen algo ya hecho, "fosilizado", "cristalizado", incluso sin la lógica que hemos visto hasta el momento».

El autor

1. MORFOLOGÍA

La Morfología es la parte de la Gramática que estudia las palabras aisladas, sueltas, mientras que la Sintaxis estudia las palabras unidas unas con otras formando frases, oraciones, textos, etc. Ahora, al estudiar la Morfología, vamos a estudiar las palabras aisladas. Veremos cómo están constituidas (de qué partes constan), cómo se pueden clasificar según su constitución interna (según las partes de que consten), cómo pueden adoptar formas distintas según lo que queramos decir y cómo se pueden formar palabras nuevas a partir de otras más sencillas ya existentes. Luego, en la segunda parte, en la Sintaxis, estudiaremos las palabras unidas unas con otras formando frases.

1.1. CONSTITUCIÓN DE LAS PALABRAS

Puesto que la Morfología estudia las palabras, su forma, empezaremos viendo cómo son las palabras «por dentro», de qué partes están formadas. Dentro de una misma palabra (p.e. «librería» = **liburu denda** o **liburu-denda**) podemos localizar una parte que se repite en todas las palabras que pertenecen a una misma «familia»[1],

libro, librería, librero, librito... = libr-

Esta parte de la palabra (en nuestro caso «libr-»), que unos llaman «raíz de la palabra» y otros llaman LEXEMA, es la parte que contiene el significado básico que será completado por las demás partes o trozos de la palabra.

Por ello, junto a la «raíz» o LEXEMA, encontramos en las palabras otros trozos o partes que se suelen llamar «afijos» o MORFEMAS[2]:

---

1 «Familia de palabras» es un conjunto de palabras relacionadas por su forma y por su significado.

2 Las partes o trozos más pequeños en que se puede descomponer una palabra, de tal modo que cada parte encierre algún significado o nos informe de algo, se suelen llamar MONEMAS. Entre los MONEMAS distinguimos los LEXEMAS y los MORFEMAS,

libr-O	**libr-IT-O**	**libr-ER-O**
liburu	**liburu-XKA**	**liburu-SAL-TZAILE-A**

Entre los MORFEMAS o sufijos se suelen distinguir:

– **los «*morfemas gramaticales*»:** manifiestan el género[3] y el número en algunas palabras, el tiempo y la persona en otras, etc.

Así, en «librero» sería morfema gramatical la «-o», morfema de género masculino; en «**liburu-dendak**» lo sería la **«-k»**, morfema de número plural.

– **los «*morfemas derivativos*»:** sirven para formar o *derivar* palabras a partir de otras más sencillas:

«-**ER**-»	libro	librero
	leche	lechero
«-**XKA**-»	**liburu**	**liburuxka** (librito)
	bide	**bidexka** (caminito)

De este modo, las partes en que se puede descomponer una palabra son:

LEXEMA	libr-
MORFEMAS:	
- derivativos	-er-
- gramaticales	-o

también llamados «afijos». Los que les llaman «afijos» suelen distinguir tres clases de «afijos»: «prefijos», si van colocados al comienzo de las palabras, delante de los lexemas o «raíces»; «infijos», si van dentro de las palabras, y «sufijos», si van al final de las palabras.

[3] En euskera no existe el género como categoría gramatical, ni masculino ni femenino, salvo en contadas ocasiones que veremos más adelante.

Según los morfemas o sufijos gramaticales que puedan tener, las palabras se suelen dividir «morfológicamente» (es decir, por su forma) en varias clases[4].

Por ejemplo, la palabra «perro», en castellano puede adoptar dos clases de morfemas gramaticales:

- de género:	perr-o	perr-a
- de número:	perroø[5]	perros

La palabra «cantar» puede recibir otras clases de morfemas gramaticales distintos, por ejemplo:

- de tiempo:	cantá-BA-mos,	canta-RE-mos, etc.
- de persona:	cantaba-IS	cantaba-N, etc.

Según este criterio, para clasificar las palabras desde el punto de vista morfológico o de su composición interna, obtenemos, por ejemplo:

- La clase de palabras llamadas NOMBRES (en castellano, admiten morfemas o sufijos de género y número; en euskera, admiten morfemas de número y un conjunto de morfemas más complicado llamado «declinación»).

- La clase de palabras llamadas VERBOS (admiten morfemas de persona, tiempo y modo).

---

[4] Llamamos «clases de palabras» a lo que antes algunos solían llamar «partes de la oración»: sustantivo, adjetivo, verbo, etc. Creemos que es mejor llamarles «clases de palabras», reservando la otra expresión («partes de la oración») para la Sintaxis, ya que en ésta, en la Sintaxis, se estudian las oraciones. Lo veremos.

[5] Este signo ø representa un morfema inexistente (o la falta de un morfema, que también se suele llamar «morfema en grado cero») frente al cual la palabra puede presentar otro, como en este caso presenta el plural -s frente al singular ø.

– Igualmente, podíamos seguir determinando otras clases de palabras según su estructura o composición interna, como las PREPOSICIONES, CONJUNCIONES y ADVERBIOS, que iremos estudiando.

1.2. Morfología de los nombres

Dentro de esta clase de palabras, los NOMBRES, que hemos definido según los morfemas o sufijos gramaticales que pueden presentar, se suelen distinguir dos clases: los «sustantivos» y los «adjetivos». La diferencia morfológica entre ambos, *en euskera*, es la siguiente:

- Los **sustantivos** sólo pueden tener los morfemas gramaticales propios de la declinación en sus diversas versiones (singular y plural, por un lado, y «mugagabea»[1] por otro).

- Los **adjetivos**, además de estos morfemas gramaticales, pueden tener otros específicos suyos que corresponden a los grados de significación, según veremos en su momento[2].

---

1 Véase p. 21.

2 Véase p. 38. También podemos señalar otra diferencia entre sustantivos y adjetivos, pero de carácter semántico, es decir, atendiendo a su significado: el morfema o sufijo de plural en los sustantivos tiene un verdadero significado de plural. Por ejemplo, **etxeak** significa verdaderamente más de una casa. Sin embargo, en los adjetivos no ocurre así: si **gorria** significa «color rojo», **gorriak** no quiere decir necesariamente varios colores rojos. Este plural de los adjetivos, como veremos luego, es una mera concordancia, un mero hecho sintáctico. Véase p. 136.

Por lo tanto, estudiaremos, primero, la composición o estructura interna (la «Morfología») de los sustantivos y, a continuación, la de los adjetivos.

1.2.1. SUSTANTIVOS

Según hemos visto, en castellano, morfológicamente, son SUSTANTIVOS las palabras que *sólo* pueden admitir los morfemas gramaticales de género y de número[3].

En euskera, los sustantivos no admiten morfema de género:

haur	niño/niña
txakur	perro/perra
ahate	pato/pata

Cuando al morfema de género le corresponde en castellano un significado de sexo que queremos expresar, en euskera tenemos que recurrir generalmente a añadir al sustantivo una palabra (**ar**, «macho», o **eme**, «hembra»)[4], salvo en los casos en los que a la palabra corresponda ya un sexo determinado:

zezen	toro	**behi**	vaca
seme	hijo	**alaba**	hija

---

3 Algunas gramáticas definen los sustantivos como «palabras que significan personas, animales o cosas». Ésta es una definición «semántica», es decir, que define al sustantivo por su significado. Creemos que es mejor ser más consecuentes y no dar definiciones SEMÁNTICAS cuando estamos estudiando la MORFOLOGÍA de las palabras. Distinguir los distintos planos o campos que se pueden considerar en las cosas, para no mezclarlos, nos ayudará a conocer y comprender mejor lo que estudiamos. En todo caso, si, tratando de la MORFOLOGÍA de las palabras, añadimos algún aspecto SEMÁNTICO, como lo hemos hecho en la nota anterior, es conveniente advertirlo para seguir manteniendo la claridad y orden en nuestro pensamiento.

4 **Astar**: burro; **asteme**: burra. Sin embargo, **ar** y **eme** no son, en estas ocasiones, morfemas o sufijos gramaticales de género, sino palabras que se unen al lexema anterior formando una nueva palabra. Véase p. 112. Sobre el género en euskera, véase p. 66.

En castellano, cuando queremos referirnos a los dos géneros, al masculino y al femenino, tradicionalmente se usa el masculino:

«hijos» puede significar «hijo e hija» o varios «hijos»

En euskera se suelen decir las dos palabras poniendo en plural la segunda, y escribiéndolas unidas mediante un guión, salvo en los pocos casos en los que haya una sola palabra para decir los dos géneros:

seme-alabak	hijos (hijos e hijas)
gurasoak	el padre y la madre

Sin embargo, los sustantivos presentan en euskera otros morfemas gramaticales que no existen en castellano. Veamos.

En castellano, para relacionar o enlazar unas palabras con otras, se utilizan frecuentemente unas palabras especiales que por eso se suelen llamar ENLACES o incluso «relacionantes» (preposiciones y conjunciones)[5].

sidra	+	Astigarraga	=	sidra **DE** Astigarraga
sala	+	profesores	=	sala **DE** profesores
Vitoria	+	Bilbao	=	**DE** Vitoria **A** Bilbao

En euskera se recurre en estos casos a un conjunto de morfemas o sufijos gramaticales de relación o «relacionantes», que se llama DECLINACIÓN. Estos morfemas se unen a las palabras formando parte de ellas y tienen como misión establecer las relaciones entre unas y otras.

AstigarragaKO sagardoa
irakasleEN gela
GasteizTIK BilboRA

5 Véase p. 107.

En castellano, dicho de otro modo, los sustantivos sólo pueden variar gramaticalmente al cambiar de género o de número:

hijO	hijA
masculino singular	femenino singular
hijoS	hijaS
masculino plural	femenino plural

En euskera, en cambio, pueden variar según lo que queramos decir con ese sustantivo:

del burro	**astoAREN**
al burro	**astoARI**
con el burro	**astoAREKIN**
para el burro	**astoARENTZAT**

Con frecuencia, al añadir un morfema o sufijo a un lexema o raíz de la palabra, tienen lugar pequeños cambios de sonidos[6]. Los principales son: cambio de un sonido por otro y adición de un sonido que facilite la unión entre las dos partes de la palabra, lexema y morfema:

Irun	+	-KO	=	**IrunGO**
Gasteiz	+	-RA	=	**GasteizERA**

Por ello, dado que los problemas fónicos que plantean la unión de lexemas y morfemas son distintos según los lexemas terminen en vocal (**mendi**: monte; **etxe**: casa) o en consonante (**haran**: valle; **mutil**: chico), seguiremos la costumbre de presentar dos modelos distintos de declinación: uno para los lexemas o raíces que terminen en vocal y otro para los que terminen en consonante.

---

6 Estos cambios de sonidos (que ocurren en muchas lenguas) se deben a causas fónicas que no estudiamos en este libro, pues en él prescindimos de la fonética y de la fonología.

Antes de exponer este conjunto de morfemas o sufijos relacionantes (declinación), hay que señalar que en su utilización el euskera distingue también entre palabras que signifiquen «seres vivos» y palabras que signifiquen «seres no vivos», ofreciendo morfemas distintos para ambos casos, en algunas ocasiones[7].

Igualmente, las palabras que significan nombres propios (*Arantza, Urola, Elizondo*, etc.) siguen un comportamiento específico.

Por último, hemos dicho que en castellano los sustantivos pueden adoptar dos formas en cuanto al número: singular y plural. En euskera la situación es un poco más compleja en cuanto al número. Se suelen distinguir el singular, el plural, el «plural hurbila» y el «mugagabea»[8]:

singular	**langilea**	el trabajador
plural	**langileak**	los trabajadores
«plural hurbila»	**langileok**	los trabajadores
«mugagabea»	**langile**	trabajador

Veámoslo.

En cuanto al singular y al plural, el euskera no presenta problemas especiales en relación con el castellano.

---

7 A estos efectos, el euskera considera «seres vivos» o «animados» a las personas y a los animales; y «no vivos» o «inanimados» a todos los demás. Incluye entre los «seres vivos» o «animados» al «sol» (**eguzki**) y a la «luna» (**ilargi**). Entre los «no vivos» o «inanimados» incluye al «alma» (**arima**), al «espíritu» (**espiritu**) y al «cuerpo» (**gorputz**).

8 Utilizaremos esta palabra del euskera cuya traducción al castellano podría ser algo así como «sin muga», «indeterminada», «indefinida» o «inconcretada».

EL «PLURAL HURBILA»

Se trata de una forma especial que suele utilizar el que habla cuando se encuentra incluido entre el colectivo a que se refiere mediante el sustantivo, en nuestro ejemplo, «los trabajadores». Es algo así como si dijera: «nosotros, los trabajadores». Incluso no es preciso que se encuentre real y físicamente incluido entre «los trabajadores»; basta con que se identifique con ellos o quiera expresar su cercanía o proximidad psíquica o de sentimiento con ellos. Este «plural hurbila» se forma sustituyendo la primera vocal del morfema gramatical correspondiente por una **o**.

Por ejemplo:

langileak los trabajadores
langileok (nosotros) los trabajadores

irakasleak los profesores
irakasleok (nosotros) los profesores

«MUGAGABEA»

No está claro que las formas «mugagabea» tengan que ver con la categoría gramatical de número, constituyendo una posibilidad más junto al singular y al plural.

En gramática llamamos NÚMERO a «una categoría gramatical a la que tradicionalmente se atribuye la función de indicar si la palabra significa o se refiere a un objeto único (singular) o a más de uno (plural). Hay lenguas que poseen "dual" y "trial"»[9].

---

[9] LÁZARO CARRETER, Fernando, *Diccionario de términos filológicos*, Ed. Gredos, Madrid, 1971, p. 297.

Desde un punto de vista morfológico, a esta categoría gramatical puede corresponder o no corresponder un morfema o sufijo determinado.

Así, por ejemplo, en castellano:

> «casa», singular, no tiene morfema específico (como hemos dicho antes, esta falta de morfema la representaremos como «ø»: «casaø»)
>
> «casas», plural, tiene el morfema «-s» propio del plural

Por ello se suele decir que la palabra «casa» es una forma NO MARCADA en cuanto al número (no tiene la «marca» del número) o, lo que es lo mismo, tiene un morfema o sufijo «en grado cero», sin desarrollar («casaø»). Frente a la forma «no marcada» del singular, se opone la forma «marcada» del plural (tiene «marca» o morfema de número: «casa-s»).

En euskera ocurre algo distinto:

- **etxe**, «mugagabea», forma no marcada, forma que podíamos llamar «indeterminada»
- **etxea, etxeak**, formas marcadas con la marca, morfema o sufijo de singular o plural, formas concretadas, definidas mediante un morfema que se integra en la misma palabra

Que la forma «mugagabea» pertenezca o no a la categoría gramatical de número (como el singular, el dual, el trial... y el plural) podría deducirse viendo si realmente indica «si la palabra significa o se refiere a un objeto único o a más de uno», como hemos visto en la definición de Lázaro Carreter. Es decir, si su significado manifiesta un aspecto cuantitativo. Para ello, veamos en qué ocasiones se utiliza esta forma «mugagabea»:

a. *con indefinidos*: **zenbait** (algún), **edozein** (cualquier), **gutxi**, poco/-s, **asko**, **anitz** (mucho/-s), etc.

zenbait lagun	algunos amigos
edozein herri	cualquier pueblo
ikasle asko	muchos alumnos

b. *con palabras (adjetivos) interrogativas*:

zer ordu da?	¿qué hora es?
zenbat liburu?	¿cuántos libros?

c. *con numerales*:

bi gizon	dos hombres
hiru emakume	tres mujeres

d. *con demostrativos*:

ate hau	esta puerta
bide hori	ese camino
zuhaitz hura	aquel árbol

e. *en determinadas construcciones o giros* en los que el sustantivo tiene un sentido genérico:

euritan ibili	caminar bajo la lluvia
negarretan egon	estar llorando
ezkerretara hartu	girar hacia la izquierda
elurretara joan	ir a la nieve
lotan egon	estar durmiendo
uretara bota	echar(se) al agua
sutara bota	echar al fuego
eguzkitan jarri	poner(se) al sol
izerditan egon	estar sudando
zorretan egon	estar endeudado
gezurretan ari	andar diciendo mentiras

De la observación de estos ejemplos podemos deducir que la forma «mugagabea» no indica por ella sola si la palabra se refiere a un solo objeto o a más de uno, y, por lo tanto, no pertenece a la categoría gramatical de «número». En algunas ocasiones, sí parece que tiene un significado colectivo (**bi gizon** = dos hombres). Pero tal matiz no asoma en otros muchos casos (**zer ordu da?** = ¿qué hora es?; **ate hau** = esta puerta; **euritan ibili** = caminar bajo la lluvia; etc.). Pensamos que ese matiz de colectividad o «pluralidad» que aparece en algunas ocasiones no radica en la forma «mugagabea» del sustantivo (**gizon**, **ordu**, **ate**, etc.), sino en la palabra que le acompaña (**bi**, **zer**, **hau**, etc.). La forma «mugagabea» sí es susceptible de adquirir ese matiz, pero no la tiene por ella sola[10]. El único significado o contenido semántico de la forma «mugagabea» parece ser el puro significado abstracto del objeto o ser que designa, su puro concepto.

Pensemos que, por ejemplo, en castellano, la palabra «perro» sólo significa nuestra idea, nuestro concepto, lo que pensamos de un perro en general. Para concretar, presentar o determinar ese concepto, esa idea general, en un ser concreto y referirnos a él, ese sustantivo suele ir acompañado de otra palabra que, por ello, se suele llamar «presentador», «determinante» o como queramos: «un perro», «este perro», «el perro», etc.

Tengamos presente que los sustantivos no significan cosas (o acciones, por ejemplo, «llegada», o incluso cualidades, por ejemplo, «amabilidad») sino los conceptos que tenemos de ellas. Estos significados conceptuales se concretan y actualizan al hablar mediante los mencionados «presentadores», «determinantes», «adjuntos», «modificadores» o como queramos llamarlos. Según sean éstos, según sea su aporte

---

[10] Una forma «mugagabea» («indeterminada», sin muga) puede ser «determinada» («mugatua», mugada) por medios morfológicos (mediante morfemas o sufijos de singular o de plural, por ejemplo) y por medios léxicos o sintácticos (mediante palabras, mediante su relación con otras palabras). Cuando esté limitada por medios morfológicos, ya no será una forma «mugagabea», sino singular, plural o lo que sea, según el morfema o sufijo que se le haya añadido.

semántico (el significado que añadan) al sustantivo al que acompañan y con el que se relacionan, el puro concepto significado por el sustantivo irá coloreándose significativamente, adoptando matices que lo concreten en mayor o menor grado. Incluso a veces será necesaria la contribución de algún otro elemento que deshaga la posible ambigüedad que nace de la sola unión «presentador» + «sustantivo».

Por ejemplo, en castellano:

el *hombre* es un sujeto de derechos y deberes = todo hombre
el hombre me dijo dónde vives = aquel hombre concreto

Algo de esto parece ocurrir con la forma «mugagabea» del euskera. Su significado sería el puro concepto, el puro valor lexemático, de la «raíz» de la palabra, y adquiere distintos matices significativos según los morfemas o palabras que se le añadan:

mutil	chico
bi mutil	dos chicos
mutil hau	este chico
mutila	el chico
bi mutilak	los dos chicos

La «-A» orgánica

Hemos dicho que «en euskera se suelen distinguir tres formas de las palabras en cuanto al número: singular, plural y la forma llamada "mugagabea"»[11]. Y aportábamos los ejemplos siguientes:

singular	**laguna**, **liburua**
plural	**lagunak**, **liburuak**
«mugagabea»	**lagun**, **liburu**

Y esto es verdad. Pero de aquí podría deducirse que la **-a** final de las palabras es el morfema o sufijo de singular, y no siempre es

11 p. 21.

así. Dicho de otro modo: hay palabras en euskera que terminan en **-a**, esa **-a** es propia de la palabra, de la raíz, del lexema, es algo «orgánico» de la palabra, no es nada añadido a ella como un morfema o sufijo de singular:

Por ejemplo:

gona	falda
anaia	hermano
labana	navaja
egia	verdad
gauza	cosa

Y estas palabras son así tanto en su forma singular como en su forma «mugagabea». No existen las palabras ***gon**, ***anai**, ***laban**, etc. En estos casos, esa última **-a** con que terminan esas palabras se llama «**-a** orgánica», es decir, se trata de una **-a** que forma parte integral u orgánica de la palabra, de su lexema o raíz.

Sin embargo, sí hay otras palabras como **mutil**, **etxe**, **txakur**, etc. que pueden presentar las formas **mutila**, **etxea**, **txakurra**, en las que esa última **-a** no es «orgánica», no forma parte de la estructura orgánica de la palabra, es una mera **-a** como morfema de singular, algo así como el artículo del castellano, que en euskera se integra en la palabra.

No hay una regla para saber en qué casos la **-a** con que termina una palabra es «orgánica» o morfema de singular, artículo. Entre las más usadas podemos señalar las siguientes:

anaia	hermano	**gaztaina**	castaña
arnasa	respiración, aliento	**giltza**	llave
axola	importancia	**gona**	falda
denbora	tiempo	**kaiola**	jaula
egia	verdad	**labana**	navaja
familia	familia	**lotsa**	vergüenza
gauza	cosa	**pertsona**	persona

A esto hay que añadir que muchos morfemas derivativos terminan en **-a** y, por lo tanto, las palabras que se hayan formado con ellos terminarán también en una **-a** «orgánica»:

Por ejemplo:

-KETA	**erosketa**	compra
-KADA	**burukada**	cabezada
-TZA	**ekintza**	acción
-ERA	**zabalera**	anchura

Incluso muchas palabras tomadas prestadas de otro idioma, si terminaban en **-a** en su idioma original y en euskera conservan esa misma **-a**, también en esta ocasión será una **-a** «orgánica»: p.e. **kimika**, **filosofia**, **kultura**, **literatura...**

* * *

A continuación exponemos los cuadros o paradigmas de los morfemas o sufijos relacionantes cuyo conjunto recibe el nombre de DECLINACIÓN.

El orden en que lo vamos a hacer es el siguiente:

- palabras que significan seres «no vivos» o inanimados
  - con lexemas terminados en vocal
  - con lexemas terminados en consonante
- palabras que significan seres «vivos» o animados
  - con lexemas terminados en vocal
  - con lexemas terminados en consonante
- nombres propios (sean de seres animados o de seres inanimados)
  - con lexemas terminados en vocal
  - con lexemas terminados en consonante.

SERES NO VIVOS-INANIMADOS			**LEXEMAS TERMINADOS EN VOCAL**		
			MUGAGABEA	DEFINIDOS-CONCRETOS	
				SINGULAR	PLURAL
Nominativo	**Nor**	Quién/qué	mendi	mendi-**a**	mendi-**ak**
Ergativo	**Nork**	Quién/qué	mendi-**k**	mendi-**ak**	mendi-**ek**
Dativo	**Nori**	A quién	mendi-r-**i**	mendi-**ari**	mendi-**ei**
Genit. Posesivo	**Noren**	De quién	mendi-r-**en**	mendi-**aren**	mendi-**en**
Asociativo	**Norekin**	Con quién	mendi-r-**ekin**	mendi-**arekin**	mendi-**ekin**
Destinativo	**Norentzat**	Para quién	mendi-r-**entzat**	mendi-**arentzat**	mendi-**entzat**
Instrumental	caso «z»	Cómo/con qué	mendi-**z**	mendi-**az**	mendi-**ez/-etaz**
Inesivo	**Non**	Dónde	mendi-**tan**	mendi-**an**	mendi-**etan**
Genit. Locativo	**Nongo**	De dónde	mendi-**tako**	mendi-**ko**	mendi-**etako**
Alativo	**Nora**	A dónde	mendi-**tara**	mendi-**ra**	mendi-**etara**
Ablat. Terminal	**Noraino**	Hasta dónde	mendi-**taraino**	mendi-**raino**	mendi-**etaraino**
Ablativo	**Nondik**	Desde dónde	mendi-**tatik**	mendi-**tik**	mendi-**etatik**
Direccional	**Norantz**	Hacia dónde	mendi-**tarantz**	mendi-**rantz**	mendi-**etarantz**
Partitivo	Partitivo		mendi-r-**ik**		
Prolativo	**Nortzat**	Por/como qué	mendi-**tzat**		

SERES NO VIVOS-INANIMADOS			LEXEMAS TERMINADOS EN CONSONANTE		
			MUGAGABEA	DEFINIDOS-CONCRETOS	
				SINGULAR	PLURAL
Nominativo	**Nor**	Quién/qué	haran	haran-**a**	haran-**ak**
Ergativo	**Nork**	Quién/qué	haran-e-**k**	haran-**ak**	haran-**ek**
Dativo	**Nori**	A quién	haran-**i**	haran-**ari**	haran-**ei**
Genit. Posesivo	**Noren**	De quién	haran-**en**	haran-**aren**	haran-**en**
Asociativo	**Norekin**	Con quién	haran-**ekin**	haran-**arekin**	haran-**ekin**
Destinativo	**Norentzat**	Para quién	haran-**entzat**	haran-**arentzat**	haran-**entzat**
Instrumental	caso «z»	Cómo/con qué	haran-e-**z**	haran-**az**	haran-**ez/-etaz**
Inesivo	**Non**	Dónde	haran-e-**tan**	haran-e-**an**	haran-**etan**
Genit. Locativo	**Nongo**	De dónde	haran-e-**tako**	haran-e-**ko**	haran-**etako**
Alativo	**Nora**	A dónde	haran-e-**tara**	haran-e-**ra**	haran-**etara**
Ablat. Terminal	**Noraino**	Hasta dónde	haran-e-**taraino**	haran-e-**raino**	haran-**etaraino**
Ablativo	**Nondik**	Desde dónde	haran-e-**tatik**	haran-e-**tik**	haran-**etatik**
Direccional	**Norantz**	Hacia dónde	haran-e-**tarantz**	haran-e-**rantz**	haran-**etarantz**
Partitivo	Partitivo		haran-**ik**		
Prolativo	**Nortzat**	Por/como qué	haran-**tzat**		

SERES VIVOS-ANIMADOS			LEXEMAS TERMINADOS EN VOCAL		
			MUGAGABEA	DEFINIDOS-CONCRETOS	
				SINGULAR	PLURAL
Nominativo	**Nor**	Quién/qué	seme	seme-**a**	seme-**ak**
Ergativo	**Nork**	Quién/qué	seme-**k**	seme-**ak**	seme-**ek**
Dativo	**Nori**	A quién	seme-r-**i**	seme-**ari**	seme-**ei**
Genit. Posesivo	**Noren**	De quién	seme-r-**en**	seme-**aren**	seme-**en**
Asociativo	**Norekin**	Con quién	seme-r-**ekin**	seme-**arekin**	seme-**ekin**
Destinativo	**Norentzat**	Para quién	seme-r-**entzat**	seme-**arentzat**	seme-**entzat**
Instrumental	caso «z»	Cómo/con qué	seme-**z**	seme-**az**	seme-**ez/-etaz**
Inesivo	**Non**	Dónde	seme-**(ren)gan**	seme-**a(ren)gan**	seme-**engan**
Genit. Locativo	**Nongo**	De dónde			
Alativo	**Nora**	A dónde	seme-**(ren)gana**	seme-**a(ren)gana**	seme-**engana**
Ablat. Terminal	**Noraino**	Hasta dónde	seme-**(ren)ganaino**	seme-**a(ren)ganaino**	seme-**enganaino**
Ablativo	**Nondik**	Desde dónde	seme-**(ren)gandik**	seme-**a(ren)gandik**	seme-**engandik**
Direccional	**Norantz**	Hacia dónde	seme-**(ren)ganantz**	seme-**a(ren)ganantz**	seme-**enganantz**
Partitivo	Partitivo		seme-r-**ik**		
Prolativo	**Nortzat**	Por/como qué	seme-**tzat**		

SERES VIVOS-ANIMADOS			LEXEMAS TERMINADOS EN CONSONANTE		
			MUGAGABEA	DEFINIDOS-CONCRETOS	
				SINGULAR	PLURAL
Nominativo	**Nor**	Quién/qué	mutil	mutil-**a**	mutil-**ak**
Ergativo	**Nork**	Quién/qué	mutil-e-**k**	mutil-**ak**	mutil-**ek**
Dativo	**Nori**	A quién	mutil-**i**	mutil-**ari**	mutil-**ei**
Genit. Posesivo	**Noren**	De quién	mutil-**en**	mutil-**aren**	mutil-**en**
Asociativo	**Norekin**	Con quién	mutil-**ekin**	mutil-**arekin**	mutil-**ekin**
Destinativo	**Norentzat**	Para quién	mutil-**entzat**	mutil-**arentzat**	mutil-**entzat**
Instrumental	caso **«z»**	Cómo/con qué	mutil-e-**z**	mutil-**az**	mutil-**ez/-etaz**
Inesivo	**Non**	Dónde	mutil-**(en)gan**	mutil-**a(ren)gan**	mutil-**engan**
Genit. Locativo	**Nongo**	De dónde			
Alativo	**Nora**	A dónde	mutil-**(en)gana**	mutil-**a(ren)gana**	mutil-**engana**
Ablat. Terminal	**Noraino**	Hasta dónde	mutil-**(en)ganaino**	mutil-**a(ren)ganaino**	mutil-**enganaino**
Ablativo	**Nondik**	Desde dónde	mutil-**(en)gandik**	mutil-**a(ren)gandik**	mutil-**engandik**
Direccional	**Norantz**	Hacia dónde	mutil-**(en)ganantz**	mutil-**a(ren)ganantz**	mutil-**enganantz**
Partitivo	Partitivo		mutil-**ik**		
Prolativo	**Nortzat**	Por/como qué	mutil-**tzat**		

NOMBRES PROPIOS		LEXEMAS TERMINADOS EN VOCAL	
		INANIMADOS	ANIMADOS
Nominativo	**Nor**	Anboto	Peru
Ergativo	**Nork**	Anboto-**k**	Peru-**k**
Dativo	**Nori**	Anboto-r-**i**	Peru-r-**i**
Genitivo Posesivo	**Noren**	Anboto-r-**en**	Peru-r-**en**
Asociativo	**Norekin**	Anboto-r-**ekin**	Peru-r-**ekin**
Destinativo	**Norentzat**	Anboto-r-**entzat**	Peru-r-**entzat**
Instrumental	caso «z»	Anboto-**z**	Peru-**z**
Inesivo	**Non**	Anboto-**n**	Peru-**(ren)gan**
Genitivo Locativo	**Nongo**	Anboto-**ko**	
Alativo	**Nora**	Anboto-**ra**	Peru-**(ren)gana**
Ablativo Terminal	**Noraino**	Anboto-**raino**	Peru-**(ren)ganaino**
Ablativo	**Nondik**	Anboto-**tik**	Peru-**(ren)gandik**
Direccional	**Norantz**	Anboto-**rantz**	Peru-**(ren)ganantz**
Partitivo	Partitivo	Anboto-r-**ik**	Peru-r-**ik**
Prolativo	**Nortzat**	Anboto-**tzat**	Peru-**tzat**

NOMBRES PROPIOS		LEXEMAS TERMINADOS EN CONSONANTE	
		INANIMADOS	ANIMADOS
Nominativo	**Nor**	Gasteiz	Miren
Ergativo	**Nork**	Gasteiz -e-**k**	Miren-e-**k**
Dativo	**Nori**	Gasteiz -**i**	Miren-**i**
Genitivo Posesivo	**Noren**	Gasteiz -**en**	Miren-**en**
Asociativo	**Norekin**	Gasteiz -**ekin**	Miren-**ekin**
Destinativo	**Norentzat**	Gasteiz -**entzat**	Miren-**entzat**
Instrumental	caso «**z**»	Gasteiz -e-**z**	Miren-e-**z**
Inesivo	**Non**	Gasteiz -e-**n**	Miren-**(en)gan**
Genitivo Locativo	**Nongo**	Gasteiz -**ko**/-**eko**	
Alativo	**Nora**	Gasteiz -**a**/-**era**	Miren-**(en)gana**
Ablativo Terminal	**Noraino**	Gasteiz-**aino**/**eraino**	Miren-**(en)ganaino**
Ablativo	**Nondik**	Gasteiz-**tik**/-**etik**	Miren-**(en)gandik**
Direccional	**Norantz**	Gasteiz-**antz**/-**erantz**	Miren-**(en)ganantz**
Partitivo	Partitivo	Gasteiz-**ik**	Miren-**ik**
Prolativo	**Nortzat**	Gasteiz-**tzat**	Miren-**tzat**

OBSERVACIONES SOBRE LOS CUADROS DE LAS DECLINACIONES

1. Cada una de las formas se llaman «casos» y se les suele llamar de dos maneras. Por ejemplo, «caso *nominativo*» o también «caso **nor**». En los cuadros hemos indicado las dos maneras. Sin embargo a lo largo de este libro usaremos sólo la segunda y hablaremos de caso **nor**, caso **nork**, etc. La razón que nos ha movido a ello es puramente didáctica: a la vez que nos parece más sencillo (no hace falta aprenderse las quince palabras de la primera columna), si nos acostumbramos a hablar del caso **nor** o del caso **nori**, ya en las mismas palabras que utilizamos incluimos de algún modo los morfemas respectivos. Por ejemplo, en el caso **nori** la **-i** nos recuerda cuál es el morfema de este caso; lo mismo puede valer para casi todos los casos: **nor-e-n**, **nor-e-kin**, etc.

2. Por simplificar, igualmente llamaremos caso **nor** a lo que se podría llamar caso **zer** («qué cosa»). Por ello, en la tercera columna, al indicar los significados castellanos, decimos, por ejemplo, **nor** = «quién/qué». Y lo hacemos sólo en los primeros casos, aunque podríamos haberlo hecho en todos. Por ejemplo, **norentzat** = «para quién», también lo podríamos traducir por «para qué cosa» (**zerentzat**): **etxearentzat** = «para la casa».

3. De todas formas, la traducción que aportamos para cada caso es sólo indicativa. Hay que tener sumo cuidado, pues, en castellano, «de», por ejemplo, puede significar muchas cosas: «*de* quién» = caso **noren**; «*de dónde* vienes» = caso **nondik**; «*de dónde* eres» = caso **nongo**, etc. Lo mismo puede ocurrir con «a»: «voy *a*» = caso **nora**; «veo *a* alguien» = caso **nor**; «veo *a* alguien una cosa» = caso **nori**. Por no distinguir bien estos últimos dos usos de la preposición «a» castellana, muchos castellanohablantes, al hablar en euskera, cometen errores que serán analizados más adelante. Por lo tanto, para ver qué caso corresponde en euskera a una expresión castellana, no basta ver

qué preposición lleva en español (*«a»*, *«de»*, *«con»*, etc.) sino qué se quiere decir en cada momento, cuál es el significado que aporta esa preposición en cada ocasión concreta.

4. Hemos traducido tanto el «nominativo» como el «ergativo» por «quién/qué». La diferencia entre ambos casos se verá en varios pasajes del libro. De momento, podemos adelantar la explicación que se suele dar con frecuencia: el caso **nork** se emplea para los sujetos de los verbos transitivos («yo bebo» = **niK edaten dut**; «nosotros vemos» = **guK ikusten dugu**), y el caso **nor** tanto para los sujetos de los verbos intransitivos («yo he ido» = **ni joan naiz**; «nosotros hemos venido» = **gu etorri gara**), como para el complemento directo (llamado también «objeto directo» o simplemente «objeto») de los verbos transitivos: («yo bebo *sidra*» = **nik *sagardoA* edaten dut**; «nosotros vemos *la casa*» = **guk *etxeA* ikusten dugu**», y para los atributos o predicativos[12] («Mikel es *pequeño*» = **Mikel *txikiA* da**)

5. El caso que hemos llamado «instrumental» o «caso **-z**» corresponde en castellano a varias expresiones que se construyen con distintas preposiciones (a, en, con, por, de, sobre...). Creemos que lo más sencillo es ofrecer varios ejemplos:

eskuz idatzi dut	lo he escrito a mano
euskaraz idatzi du	lo ha escrito en euskera
gogo handiz egin dut	lo he hecho con muchas ganas
mendiz etorri naiz	he venido por monte
gauez ixten dute	cierran de noche
historiaz hitz egin du	ha hablado sobre historia

Cuando se trata de algunos pronombres (personales, demostrativos, etc.), el morfema **-z** se convierte en **-taz**. Por ejemplo:

zutaz, honetaz, zertaz...

12 Véase pp. 142 y siguientes.

6. El caso «partitivo» también presenta algunos problemas que conviene tener en cuenta[13]:

– Como hemos podido ver en los cuadros de las declinaciones, sólo se presenta bajo la forma «mugagabea»; no existen formas para el singular ni para el plural.

– Su empleo más frecuente tiene lugar en las negaciones y en las interrogaciones. Por ejemplo:

erosi duzu ogirik?	¿has comprado pan?
jaso duzu berririk?	¿has recibido noticias?
ez dut neskarik ikusi	no he visto a ninguna chica
ez dute hitzik esan	no han dicho ni palabra

– También se emplea (lo veremos) en las llamadas «proposiciones condicionales». Por ejemplo:

haren lagunik ikusten baduzu... si ves a algún amigo suyo...

– Y como segundo término en los superlativos relativos[14]:

lagunik azkarrena el más rápido de los amigos[15]

– Pero también se utiliza en otras muchas ocasiones con sentidos diversos, en general, con un significado indefinido o indeterminado. Por ejemplo:

herriko mutilik politena	el chico más guapo del pueblo
gaixorik dago	está enfermo
dirurik baduzu, ordaindu	si tienes dinero, paga

---

13 Lo volveremos a encontrar en la Sintaxis. Véanse pp. 40 y 150.

14 Véase p. 150.

15 Ibíd.

7. Como puede observarse en los cuadros de las declinaciones, los casos referidos a lugares (**non**, **nora**, **noraino**...), cuando se trata de personas, deberíamos llamarles **norengan**, **norengana**, **norenganaino**...

1.2.2. ADJETIVOS[16]

Tradicionalmente se suele definir a los adjetivos como unas palabras *que significan* una cualidad (**handi** = grande; **berri** = nuevo; **luze** = largo). Se trata de una definición semántica, es decir, que atiende sólo al significado de las palabras, y hoy en día muchos lingüistas suelen rechazarla, pues está claro que hay palabras que no son adjetivos y también significan cualidades (**lasaitasun** = «tranquilidad» y **ontasun** = «bondad» son sustantivos)[17].

Desde un punto de vista morfológico (el que ahora nos interesa), que atiende a la estructura, la composición o a las partes de la palabra[18], los adjetivos en euskera no se diferencian fundamentalmente de los sustantivos. Como ellos, están formados por un lexema, o raíz, que puede completarse con morfemas o sufijos, ya sean éstos derivativos o gramaticales[19].

Entre los morfemas gramaticales, al igual que los sustantivos, los adjetivos en euskera carecen de género:

gaizto = malo/-a	**argal** = delgado/-a
estu = estrecho/-a	**zabal** = ancho/-a

16 Entendemos aquí por «adjetivo» lo que la Gramática tradicional llama «adjetivo calificativo»: «Palabra que acompaña al sustantivo para expresar *alguna cualidad* de la persona o cosa nombrada».

17 Véase nota 11.

18 Véase p. 11.

19 Véanse pp. 13 y 14.

También los adjetivos admiten la misma declinación que los sustantivos en sus formas singular, plural y «mugagabea»:

«Mugagabea»	Singular	Plural
berri	**berri-A**	**berri-AK**
berri-K	**berri-AK**	**berri-EK**
berri-r-I	**berri-ARI**	**berri-EI**
berri-r-EN	**berri-AREN**	**berri-EN** etc.

La única diferencia morfológica entre sustantivos y adjetivos radica en los llamados «grados del adjetivo»: positivo, comparativo y superlativo. En el plano morfológico, diremos que los adjetivos admiten unos morfemas gramaticales que no admiten los sustantivos. Tales morfemas (como todo morfema) encierran un significado: en esta ocasión («grados del adjetivo») se trata de una intensificación de la cualidad que significa el adjetivo. Por lo tanto, los llamados «grados del adjetivo» son en realidad GRADOS DE SIGNIFICACIÓN del adjetivo.

Así, por ejemplo, decimos:

gazte	= joven	grado **positivo**, pues simplemente indica la cualidad
gazteago	= más joven	grado **comparativo**, pues intensifica la cualidad en comparación con otro elemento expresado o elíptico
gazteena	= el más joven	grado llamado «superlativo relativo»: intensifica la cualidad en el grado máximo dentro de un conjunto

Así pues, los morfemas de estos grados de significación de los adjetivos, *en euskera*, son los siguientes:

– -AGO: morfema de grado COMPARATIVO

- mediante él se forman los comparativos a partir de cualquier adjetivo:

azkar	rápido	**azkarrago**	más rápido
alai	alegre	**alaiago**	más alegre
polit	bonito	**politago**	más bonito
garbi	limpio	**garbiago**	más limpio

Estos COMPARATIVOS plantean otro problema: la construcción comparativa, que en español se organiza, generalmente, del siguiente modo:

más rápido **QUE** el rayo
tan lento **COMO** una tortuga

Por tratarse de un problema de «construcción», de estructura superior a la palabra, es un problema sintáctico y, por lo tanto, tendrá su lugar en la segunda parte, en la Sintaxis[20].

– -ENA: morfema del grado SUPERLATIVO

- RELATIVO; con él se forma todo tipo de superlativos relativos:

mozkor	borracho	**mozkorrena**	el más borracho
baketsu	pacífico	**baketsuena**	el más pacífico
itsusi	feo	**itsusiena**	el más feo

Igualmente, estos superlativos, por su vertiente comparativa, plantean problemas de construcción que serán estudiados en la Sintaxis. El problema se reduce a ver cómo se dice en euskera «el más feo del barrio» o «el más feo entre los amigos».

Es de señalar que *en euskera* no hay morfemas especiales que correspondan al llamado «superlativo absoluto» de otros

20 Véase p. 146.

idiomas. De este modo, si queremos decir «dificilísimo», «negrísimo», «pulquérrimo», tendremos que acudir a recursos no morfológicos, y decir, por ejemplo, **oso zaila** = «muy difícil», **oso beltza** = «muy negro», **oso garbia** = «muy limpio», etc.

1.2.3. DETERMINATIVOS

Se trata de un conjunto de palabras (entre las que se pueden señalar varios subconjuntos: personales, posesivos, demostrativos, numerales, interrogativos, indefinidos, etc.) que, *desde un punto de vista morfológico*, pueden adoptar los morfemas gramaticales que hemos visto en los sustantivos, es decir, tienen las formas propias de la declinación nominal, y por ello los incluimos en el apartado de los NOMBRES.

Sin embargo, *su distinto comportamiento sintáctico* aconseja tratarlos separados de los sustantivos y de los adjetivos.

Incluso en el plano semántico[21], atendiendo a su significado, observamos unas características que hacen de estas palabras un conjunto con personalidad propia.

Sintácticamente, estas palabras pueden suplir a los sustantivos (actúan entonces como pronombres, es decir, «en lugar del nombre») adoptando los significados de los sustantivos a los que suplen. En tales casos se dice que tienen un significado ocasional.

Por esta razón, la declinación de estas palabras en las formas o en los casos en los que signifiquen «lugar» presentan dos posibilidades, según sustituyan a una palabra que significa un ser «no vivo» o un ser «vivo».

---

21 Como hemos indicado ya varias veces, creemos que es importante concretar en todo momento en qué plano nos estamos moviendo al estudiar las palabras: plano morfológico (su forma interna), plano semántico (su significado), plano sintáctico (el papel que desempeñan en una construcción a base de palabras, en una frase, texto u oración gramatical). Estos planos pueden estar relacionados unos con otros hasta el punto de que la *forma* de la palabra condicione su significado, o que la relación de unas palabras con otras (es decir, su «función») condicione también la forma. Por eso, algunos autores hablan de *morfosintaxis*.

Por ejemplo, caso NORA:

honetara = «a éste»: cuando sustituya o acompañe a un sustantivo que signifique un ser «no vivo»: **herri honetara**[22] = a este pueblo

honengana = «a éste»: cuando sustituya o acompañe a un ser «vivo»: **mediku honengana** = a este médico

Sintácticamente, también puede ocurrir que estas palabras no sustituyan a un sustantivo sino que lo acompañen, como en los ejemplos que acabamos de ver, desempeñando entonces el papel sintáctico propio de los adjetivos. En estas ocasiones, el significado que aportan consiste en una determinación o rasgo que concreta algo al sustantivo a quien acompañan. Según qué tipo de determinación o concreción signifiquen, se dividen *semánticamente* (es decir, por su significado) en:

– *personales*:	**ni**	=	yo	**gu**	= nosotros
	hi	=	tú		
	zu	=	tú/usted[23]	**zuek**	= vosotros/ustedes
	hura[24]	=	él	**haiek**	= ellos

Se trata de unos determinativos que corresponden a las tradicionales PERSONAS GRAMATICALES: «yo» = el que habla; «tú» = el interlocutor a quien se habla; «él» = de quien se habla, etc.

---

22 Puede observarse que, cuando un sustantivo va acompañado de otra palabra, ésta es la que lleva los morfemas de la declinación, mientras que el sustantivo va en su forma «mugagabea».

23 Como veremos luego al exponer la conjugación verbal, el pronombre **hi** no equivale exactamente al castellano «*tú*» sino a sus usos más familiares, siendo utilizado en otros casos el **zu,** que también puede equivaler al «*usted*» castellano. Además de estos pronombres, el euskera cuenta con el **berori**, un «*usted*» respetuoso, parecido al castellano en desuso «*vuecencia*» o similares. El uso del **berori** tiende a desaparecer, sobre todo en zonas urbanas. Sin embargo, el uso del **hi** (el tratamiento de «**hika**») es cada vez más frecuente entre la juventud.

24 **Hura** y **haiek** son más bien demostrativos que personales, y por eso su declinación la veremos al tratar de los demostrativos (véase p. 43).

En euskera, la declinación completa de los «personales» es la siguiente:

NOR	Ni	Hi	Zu	Gu	Zuek
NORK	Nik	Hik	Zuk	Guk	Zuek
NORI	Niri	Hiri	Zuri	Guri	Zuei
NOREN	Nire	Hire	Zure	Gure	Zuen
NOREKIN	Nirekin	Hirekin	Zurekin	Gurekin	Zuekin
NORENTZAT	Niretzat	Hiretzat	Zuretzat	Guretzat	Zuentzat
NON	Niregan	Hiregan	Zuregan	Guregan	Zuengan
NORA	Niregana	Hiregana	Zuregana	Guregana	Zuengana
NORAINO	Nireganaino	Hireganaino	Zureganaino	Gureganaino	Zuenganaino
NONDIK	Niregandik	Hiregandik	Zuregandik	Guregandik	Zuengandik

– *demostrativos*: **etxe hau** = esta casa
etxe hori = esa casa
etxe hura = aquella casa

Desde un punto de vista semántico, concretan de qué sustantivo (de qué «casa» en esta ocasión) se trata, señalando su relación de proximidad respecto al hablante.

Su declinación completa es la siguiente:

HAU = este

	SINGULAR		**PLURAL**	
NOR	hau		hauek	
NORK	honek		hauek	
NORI	honi		hauei	
NOREN	honen		hauen	
NOREKIN	honekin		hauekin	
NORENTZAT	honentzat		hauentzat	
caso «Z»	honez (honetaz)		hauez (hauetaz)	
NON	honetan	honengan[34]	hauetan	hauengan[25]
NONGO	honetako		hauetako	
NORA	honetara	honengana	hauetara	hauengana
NORAINO	honetaraino	honenganaino	hauetaraino	hauenganaino
NONDIK	honetatik	honengandik	hauetatik	hauengandik

25 Estas segundas formas (honengan y hauengan) se utilizan cuando los demostrativos acompañan o sustituyen a palabras que significan seres «vivos» o animales. Véase p. 20.

HORI = ese

	SINGULAR		PLURAL	
NOR	hori		horiek	
NORK	horrek		horiek	
NORI	horri		horiei	
NOREN	horren		horien	
NOREKIN	horrekin		horiekin	
NORENTZAT	horrentzat		horientzat	
caso «Z»	horrez (horretaz)		horiez (horietaz)	
NON	horretan	horrengan	horietan	horiengan
NONGO	horretako		horietako	
NORA	horretara	horrengana	horietara	horiengana
NORAINO	horretaraino	horrenganaino	horietaraino	horienganaino
NONDIK	horretatik	horrengandik	horietatik	horiengandik

HURA = aquel

	SINGULAR		PLURAL	
NOR	hura		haiek	
NORK	hark		haick	
NORI	hari		haiei	
NOREN	haren		haien	
NOREKIN	harekin		haiekin	
NORENTZAT	harentzat		haientzat	
caso «Z»	harez (hartaz)		haiez (haietaz)	
NON	hartan	harengan	haietan	haiengan
NONGO	hartako		haietako	
NORA	hartara	harengana	haietara	haiengana
NORAINO	hartaraino	harenganaino	haietaraino	haienganaino
NONDIK	hartatik	harengandik	haietatik	haiengandik

– *posesivos*: **nire etxea** = mi casa
hire etxea = tu casa
zure etxea = tu/su (de usted) casa
haren[26] **etxea** = su (de él) casa

26 Junto a las formas **haren** y **haien**, existen las correspondientes **bere** (su, de él; suyo/-a, de él;) y su plural **beren** (sus, de ellos; suyos/-as, de ellos) que se utilizan

En esta ocasión, la determinación del sustantivo se produce al señalar una relación de posesión o pertenencia.

– *numerales*:	**etxe bat**	=	una casa
	bi etxe[27]	=	dos casas
	hiru etxe	=	tres casas
	bigarren etxea	=	la segunda casa
	hirugarren etxea	=	la tercera casa

Se trata de una determinación cuantitativa, de carácter cardinal (**bat**, **bi**...) u ordinal (**bigarren**, **hirugarren**...)[28]. Los determinativos ordinales se forman a partir de los cardinales añadiéndoles el morfema derivativo **-garren**, excepto «primero» que se dice **lehen** (o también **lehenengo**, **lehendabiziko** o **aurrena**).

– *interrogativos*:

Entre los interrogativos hay algunos (por ejemplo **nor/nork** = «quién») que únicamente se utilizan en su papel pronominal, mientras que otros (por ejemplo, **zer** = «qué»; **zein** = «qué», «cuál»; **zenbat** = «cuánto/-a/-os/-as») pueden actuar como pronombres y como adjetivos, es decir, tanto sustituyendo a un sustantivo como acompañándolo.

zer ordu?	=	¿qué hora?
zenbat ardo?	=	¿cuánto vino?
zein lagun?	=	¿qué amigo?

---

cuando el sustantivo a que se refieren acaba de ser mencionado. Por ejemplo, «han venido Mikel y su hijo = **Mikel eta BERE semea etorri dira**.

27 También se puede construir **etxe bi**, pero sólo en esta ocasión, tratándose de «dos».

28 Por eso algunas gramáticas distinguen entre los «cardinales» y los «ordinales».

– *indefinidos*:

Entre los indefinidos hay algunos que proceden por derivación de los interrogativos:

nor	**norbait**	= alguien (sólo pronombre)
	edonor	= cualquiera
zer	**zerbait**	= algo (sólo pronombre)
	edozer	= cualquier cosa
zein	**zenbait**	= algún/algunos
	edozein	= cualquier/-a

Junto a estos indefinidos formados por derivación, encontramos otros con lexemas propios:

bat = un, uno[29]

Además del valor numeral (**bat** = «uno») tiene un significado indefinido en sus formas de la declinación «mugagabea», mientras que en las formas del singular adquiere un distinto valor semántico o significativo:

etxe bat = una casa: una y sólo una (numeral)
una cualquiera (indefinido)

etxe bat = una casa, una entre varias, una de las casas...

---

29 Derivado de él se forma el indefinido **batzuk** = «varios», «algunos», cuya declinación sigue las formas «mugagabea». También se utilizan las formas del plural **batzuk, batzuek**, etc., pero siempre como opuestas a **besteak** = «los otros/-as», y entre ambos forman la serie correlativa «los unos... los otros...». Sin embargo, el uso de **batzuk, batzuk**, etc. no es homogéneo en todas las regiones.

Otros indefinidos:

guzti = todo
oso = todo

La diferencia principal entre ambos viene a ser la siguiente:

guzti = todo: cada una de las partes de un conjunto y todas ellas

oso = todo entero: el conjunto de las partes como formando una totalidad

Por eso **guzti** se emplea con frecuencia en plural. Incluso en español, la frase «toda casa tiene puerta» equivale a «todas las casas tienen puertas». Sin embargo, no es lo mismo

limpiaré toda la casa = **etxe osoa garbituko dut** (toda entera)

que

limpiaré todas las casas = **etxe guztiak garbituko ditut**

Relacionado con ellos está el indefinido **dena** = todo.

Se utiliza con valor de pronombre sustituyendo a los dos indefinidos anteriores:

dena garbituko dut = limpiaré todo
denak garbituko ditut = limpiaré todos/-as

Los restantes indefinidos (por ejemplo, **beste** = otro; **asko** = mucho, **franko** = abundante, etc.) siguen las reglas generales. Por ejemplo:

beste = otro (desconocido, cualquiera: sigue las formas del «mugagabea»)

bestea = el otro (conocido, concreto: sigue las formas del singular y del plural)

1.3. Morfología de los verbos

El **VERBO** es la clase de palabras que más formas distintas puede adoptar. Al conjunto de formas que puede adoptar un verbo se suele llamar CONJUGACIÓN. Así, en castellano, se llama «conjugación del verbo amar» al conjunto de formas que puede adoptar este verbo: yo amo, tú amas...; yo amaba, tú amabas...; yo amaré, tú amarás...

Estas formas que puede adoptar un verbo suelen estar determinadas por varios factores. Por ejemplo:

a) tiempo: podemos indicar que la acción significada por el verbo se refiera a un tiempo anterior (pretérito o pasado), simultánea (presente) o posterior (futuro) respecto al momento tomado como punto de referencia:

he traído	=	**ekarri dut**
traigo	=	**ekartzen dut**
traeré	=	**ekarriko dut**

b) persona: el verbo adopta formas distintas según su significado vaya referido al hablante (yo: primera persona), o al interlocutor (tú: segunda persona), o a un tercer elemento del cual se habla (él/ella/ello: tercera persona):

he traído	=	**ekarri dut**
has traído	=	**ekarri duzu**
ha traído	=	**ekarri du**

c) número: también varía la forma del verbo según su significado se refiera a un ser o a varios:

he traído	=	**ekarri dut**
hemos traído	=	**ekarri dugu**

d) modo: el verbo tiene formas distintas para expresar o no algunos matices subjetivos:

traigo	=	**ekartzen dut** (sin matices)
traiga (yo)	=	**ekar dezadan** (con matices de intención, deseo u obligación)

Existen, además, otros factores que, en algunos idiomas, van determinando también variaciones especiales en los morfemas verbales. El euskera presenta, frente a otras lenguas como el español, francés, inglés, portugués, etc., un elemento más entre los que hacen variar las formas del verbo. Veámoslo.

te he traído un libro	=	**zuri ekarri DIZUT liburu bat**
le he traído un libro	=	**hari ekarri DIOT liburu bat**

En castellano, el verbo es igual en los dos ejemplos: «he traído».

En euskera, ha variado el verbo al cambiar «te» por «le»:

ekarri dizut > **ekarri diot**

Es verdad que el castellano conserva algunas formas arcaicas, antiguas, ya en desuso, que pueden resultar análogas a éstas propias del euskera y que pueden ayudar a los castellanohablantes a comprenderlas:

«dábate», «dábale»	por	«te daba», «le daba»
«daréte», «daréle»	por	«te daré», «le daré»

Son formas verbales en las que aparece incorporado en el verbo un elemento que varía al cambiar el llamado «complemento indirecto»[1].

Igualmente son arcaicas las formas

«viome», «viole» por «me vio», «le vio»

en las que aparece ahora incorporado al verbo el llamado «complemento directo».

De alguna manera, incluso, el sistema verbal castellano ofrece como posibles algunas formas verbales que incorporan al verbo los dos complementos, directo e indirecto:

«trájomelo»	por	«me lo trajo»
«trájomelos»	por	«me los trajo»

En todas estas ocasiones, reconocemos los pronombres «me», «te», «lo», «los», aunque estén incorporados en la forma verbal.

---

1 Dado que el complemento directo y el complemento indirecto suponen ya una relación entre las palabras y por eso son elementos sintácticos, serán estudiados detenidamente en la segunda parte de este libro.

En euskera esta variación de las formas verbales está llevada hasta el extremo de todas sus posibilidades, y de ningún modo ha ido perdiéndose como en castellano.

Además, no se trata de una mera incorporación de pronombres a las formas verbales («díjonoslo» = «dijo» + «nos» + «lo»), sino que son formas específicas, morfemas verbales, los que van variando, como se puede observar en los ejemplos siguientes:

Peru ha venido	=	**Peru etorri DA**
Peru me ha venido	=	**Peru etorri ZAIT**
le he traído (una cosa)	=	**hari ekarri DIOT**
les he traído (una cosa)	=	**haiei ekarri DIET**

Los elementos que producen estas variaciones en las formas verbales del euskera son los que en castellano corresponden al complemento directo y al complemento indirecto. Por ello, entre las distintas clases de verbos vascos se suelen distinguir las siguientes:

1.3.1. Clases de verbos por su estructura interna

a) verbos NOR: en sus formas influye sólo la variación del sujeto; desde el punto de vista del significado, nos dicen sólo quién realiza la acción intransitiva:

yo he subido	=	**ni igo NAIZ**
él ha subido	=	**hura igo DA**

b) verbos NOR-NORI: en sus formas influye la variación del sujeto y del complemento indirecto; desde el punto de vista del significado, nos dicen quién realiza la acción intransitiva (**NOR**: «quién viene») y respecto a quién (**NORI**: «a quién»):

él me ha venido = **hura etorri ZAIT**
yo te he venido = **ni etorri NATZAIZU**

c) verbos NOR-NORK: en sus formas influye la variación del sujeto y del complemento directo; desde el punto de vista del significado, nos dicen quién realiza la acción transitiva (**NORK**: «quién ve») y quién es el objeto sobre el que recae esa acción, quién «la recibe» (**NOR**: «a quién ve», «quién es visto»):

me ha visto = **ikusi NAU**
te he visto = **ikusi ZAITUT**

d) verbos NOR-NORI-NORK: en sus formas influye la variación del sujeto, del complemento directo y del complemento indirecto; desde el punto de vista del significado nos dicen quién realiza la acción transitiva (**NORK**: «quién trae»), respecto a quién (**NORI**: «a quién trae»), y quién o qué es el objeto sobre el que recae esa acción (**NOR**: «qué trae», «qué objeto es traído»):

me ha traído un libro = **niri ekarri DIT liburu bat**
te ha traído un libro = **zuri ekarri DIZU liburu bat**
te ha traído dos libros = **zuri ekarri DIZKIZU bi liburu**

En los ejemplos que hemos ido ofreciendo hasta ahora, los verbos vascos que hemos ido empleando han sido unos verbos compuestos (**igo naiz**, **igo da**, **etorri zait**...) en los que las variaciones afectan al verbo auxiliar (**naiz**, **da**, **zait**...). Sin embargo, esto no es así en todos los casos. Porque a estos efectos podemos distinguir dos grupos entre las formas verbales del euskera: las que se construyen siempre con un verbo auxiliar (quien recibe las variaciones morfológicas), llamadas FORMAS ANALÍTICAS o VERBOS ANALÍTICOS, y las que pueden construirse sin verbo auxiliar, experimentando ellas mismas esas variaciones, llamadas FORMAS SINTÉTICAS o VERBOS SINTÉTICOS:

«viene» puede decirse	**dator** (forma sintética)
	etortzen da (forma analítica)
«me viene» puede decirse	**datorkit** (forma sintética)
	etortzen zait (forma analítica)

Expondremos en primer lugar las formas analíticas y luego las sintéticas, menos frecuentes en la actualidad, ya que muchas han ido cayendo en desuso.

1.3.2. Formas analíticas

Son formas verbales compuestas por dos palabras: una de ellas representa al verbo principal (desde el punto de vista semántico, es decir, aporta el significado principal) y la otra al verbo auxiliar (lleva los morfemas de persona, número, etc.). Es lo mismo que ocurre en español con formas verbales como «han venido», «habíamos llegado», etc. En estas formas, «han» y «habíamos» son los verbos auxiliares que señalan la persona, el número, el tiempo, etc. mediante sus correspondientes morfemas; «venido», «llegado»... son los verbos principales.

1.3.2.1. *El verbo principal y sus cuatro formas*

En euskera, el verbo principal puede adoptar cuatro formas:

venir	=	**etor**	**etorri**	**etortzen**	**etorriko**
andar	=	**ibil**	**ibili**	**ibiltzen**	**ibiliko**
cocer	=	**egos**	**egosi**	**egosten**	**egosiko**
beber	=	**edan**	**edan**	**edaten**	**edango**
ayudar	=	**lagun**	**lagundu**	**laguntzen**	**lagunduko**

– ETOR, IBIL, EGOS, EDAN, LAGUN, etc.

Esta forma se llama LEXEMÁTICA porque corresponde al lexema o raíz del verbo. Se emplea en los modos subjuntivo, imperativo y potencial[2]. De algún modo, podemos decir que equivale al infinitivo castellano desde el punto de vista semántico: es la forma verbal que significa el estado o acción de que se trata en cada caso («venir», «andar», «cocer»...), sin otra matización de persona, número, tiempo, etc.

– ETORRI, IBILI, EGOSI, EDAN, LAGUNDU, etc.

Esta forma se llama PERFECTIVA[3] (otros le llaman «el participio» del verbo), puesto que indica que el significado del verbo ya se ha realizado. Por ejemplo:

ETORRI naiz = he venido **IBILI nintzen** = anduve

Quizá sea la forma más empleada, y, por ello, cuando alguien pregunta, por ejemplo, «¿cómo se dice "cocer" en euskera?», se suele contestar **egosi**, en lugar de decir **egos**, que quizá fuera más exacto. Por la misma razón, muchos diccionarios han recogido los verbos bajo esta forma perfectiva.

– ETORTZEN, IBILTZEN, EDATEN, EGOSTEN, etc.

Se trata de la forma IMPERFECTIVA[4], que presenta el significado del verbo en su desarrollo, realizándose. Por ejemplo:

ETORTZEN naiz = vengo
EGOSTEN ari nintzen = estaba cociendo

---

2 Véase pp. 89, 91 y 97.
3 «Perfectiva»: alude al «aspecto temporal». Véase pp. 59 y 60.
4 «Imperfectiva»: alude, igualmente, al «aspecto temporal». Véase pp. 59 y 60.

Son ya varios los diccionarios que presentan los verbos de la manera siguiente: por ejemplo, venir = **etorri**, **etor**, **etortzen**. Como esos diccionarios ingleses que, respecto al verbo «hablar», dicen: «hablar = speak, spoke, spoken».

– **ETORRIKO, IBILIKO, EDANGO, EGOSIKO,** etc.

Es la forma que se utiliza para los tiempos de futuro. Por ejemplo:

ETORRIKO naiz	= vendré
LAGUNDUKO genuen	= ayudaríamos, acompañaríamos

1.3.2.2. *El verbo auxiliar: **IZAN** y **UKAN***

En castellano, actualmente, el único verbo auxiliar que se usa es el verbo «haber». En la Edad Media, durante varios siglos, se usó también el verbo «ser» como auxiliar. Se decía, por ejemplo, «somos venidos», en lugar de «hemos venido».

En euskera hay dos verbos auxiliares: **IZAN** y **UKAN**

a) **IZAN (naiz, haiz, da**...)

El verbo **IZAN** desempeña en euskera un doble papel:

– por un lado, corresponde al verbo «ser» castellano[5].

---

[5] Algunas veces se emplea también el verbo **IZAN** con el significado de «estar». Así como en castellano es difícil dar reglas para saber cuándo se debe usar el verbo «ser» y cuándo el verbo «estar», también en euskera se resisten a unas reglas fijas de uso los verbos **IZAN** (generalmente «ser») y **EGON** (generalmente «estar») y la forma **ARI IZAN**. De una manera general se puede decir:

– el verbo **EGON** tiene, en general, un sentido más estático:

ohean dago = está en cama

ni zaharra naiz = yo soy viejo
hura kalean da = él está en la calle

– y, por otro lado, actúa como verbo auxiliar:

ni etorri naiz = yo he venido
gu etorri gara = nosotros hemos venido

Este segundo papel de «verbo auxiliar» lo desempeña en las siguientes ocasiones:

- cuando la construcción empleada no tiene ni puede tener complemento directo. Por ejemplo:

  «yo veo» no indica «la cosa que veo», el complemento directo, pero es una construcción que sí lo admite: «yo veo tal cosa»

  «yo voy» no indica ni puede indicar «la cosa que voy», no tiene ni puede tener complemento directo, no se puede decir «*yo voy tal cosa»

---

etxean dago = está en casa
gaixo dago = está enfermo

– el verbo **IZAN** puede significar «estar» con un significado más neutro, ni estático ni dinámico:

kalean da = está en la calle
hondartzan da = está en la playa

Igualmente se utiliza **IZAN** en las preguntas:

non da? = ¿dónde está?

Y con él se construyen expresiones como

gose naiz = estoy hambriento, tengo hambre
egarri naiz = estoy sediento, tengo sed

Por otra parte, y contra lo que venimos diciendo, la forma **IZAN**, **IZATEN**, **IZANGO** puede significar «tener», pero no en sus formas conjugadas. Por ejemplo:

buruko mina izan dut = he tenido dolor de cabeza

En estas ocasiones lleva como auxiliar un verbo en forma NOR-NORK.

– la forma **ARI IZAN** se utiliza para expresar situaciones más dinámicas, con aspecto temporal imprfectivo que describe la acción en su desarrollo. Por ejemplo:

irakurtzen ari da = está leyendo

Se trata, por lo tanto, de construcciones intransitivas (ni tienen ni pueden tener complemento directo).

- en algunas construcciones «reflejas», por ejemplo, cuando se trate de una «pasiva refleja»[6] o de la construcción que algunos llaman «refleja impersonal»[7].

se necesitan jóvenes	=	**gazteak behar dira**
se come bien	=	**ongi jaten da**

b) UKAN (dut, duk, du...)

Se trata de un verbo auxiliar que tiene también un doble uso:

– con un significado propio = «tener»[8]

zer duzu?	=	¿qué tienes?
eztarriko mina dut	=	tengo dolor de garganta

– y como verbo auxiliar

zer ekarri duzu?	=	¿qué has/ha (usted) traído?
guk ekarri dugu	=	nosotros hemos traído

---

6 Son construcciones que se pueden poner en pasiva sin que cambie su sujeto; sólo cambia el «se» por una forma del verbo «ser». Por ejemplo:

«se venden los cuadros de mi padre» = «los cuadros de mi padre son vendidos».

7 No todos los gramáticos se ponen de acuerdo al explicar este tipo de construcciones. Diríamos que se trata de casos como «se vive bien».

8 Para decir «tener» en euskera existe también el verbo **EDUKI** (**daukat**, **daukazu**...). La diferencia entre ambos parece ser:

ukan	=	«tener» de un modo interior o interiorizado
eduki	=	«tener» materialmente, externamente o en algún lugar

Como auxiliar se emplea en las siguientes ocasiones:

- cuando el verbo lleva o puede llevar el llamado «complemento directo». Es decir, cuando se trata de una construcción de las llamadas «transitivas»:

  nik puskatu dut = yo (lo) he roto
  aulki bat erosi dute = han comprado una silla

- en determinadas ocasiones difíciles de reducir a regla general:

  euria egiten (ari) du = está lloviendo
  etsi dute = han desistido
  hobe duzu = más te vale (*mejor tienes)

Cuando nos hemos referido anteriormente a las formas **NOR**, **NOR-NORI**, **NOR-NORK** y **NOR-NORI-NORK**, nos estábamos refiriendo a las formas de estos verbos auxiliares **IZAN** y **UKAN**:

IZAN: **NOR**
NOR-NORI

UKAN: **NOR-NORK**
NOR-NORI-NORK

1.3.3. Formas sintéticas

Hemos visto anteriormente[9] que entre las formas verbales del euskera se pueden distinguir dos grupos: las que se construyen siempre con los verbos auxiliares **izan** y **ukan**, que son los que reciben las variaciones morfológicas según acabamos de ver, y las que se pueden construir sin auxiliar, experimentando ellas mismas dichas variaciones morfológicas:

---

9 Véase p. 52.

etortzen da	=	viene	: forma analítica
dator	=	viene	: forma sintética

joaten zara	=	vas	: forma analítica
zoaz	=	vas	: forma sintética

Ahora trataremos de estas formas sintéticas y, más concretamente, de las que hoy se utilizan con más frecuencia.

Empezaremos por decir que podemos considerarlas como «verbos defectivos» ya que no presentan una conjugación completa, con todas las formas posibles que se dan en el sistema del euskera. Así, por ejemplo, aunque digamos:

nator = yo vengo **nentorren** = yo venía

también diremos

etorri naiz = he venido (no hay forma sintética)

Igualmente, vemos que coexisten formas como

dator = él viene **etortzen da** = él viene

Sin embargo, sus significados no son exactamente iguales. La forma «viene» en castellano puede utilizarse con significados distintos, como puede observarse en estos casos:

viene todos los días = suele venir...
viene ahora = está viniendo

Se trata de una diferencia en lo que se suele llamar el «aspecto temporal», un matiz significativo que nos presenta la acción:

- como desarrollándose, en su desarrollo (ASPECTO IMPERFECTIVO); por ejemplo, «viene» = está viniendo; «venía» = estaba viniendo

- como acción que se repite (ASPECTO REITERATIVO); por ejemplo, «viene» = suele venir; «venía» = solía venir
- como acción terminada (ASPECTO PERFECTIVO); por ejemplo, «ha venido», «vino», «había venido» = ha terminado, terminó o había terminado la acción de venir.

Según todo ello se comprende que la diferencia entre **dator** y **etortzen da** radica en el aspecto imperfectivo del primero («está viniendo») frente al reiterativo del segundo («suele venir»):

orain dator = ahora viene
egunero etortzen da = todos los días viene (suele venir)

Dentro de las formas sintéticas, podemos distinguir también las cuatro clases de formas verbales, NOR, NOR-NORI, NOR-NORK y NOR-NORI-NORK, que hemos visto al estudiar los verbos auxiliares.

1.3.4. Tiempos verbales

Esquemáticamente podríamos decir que no hay más tiempos verbales que el presente, el pasado y el futuro. Cuando queremos decir algo, eso que decimos o bien lo situamos antes del momento en que hablamos (lo situamos en el pasado), o bien está teniendo lugar mientras hablamos (lo situamos en el presente), o aún no ha ocurrido (lo situamos en el futuro).

Sin embargo, las cosas no son tan sencillas.

Veámoslo en español. Entre los tiempos «pasados», encontramos, por ejemplo:

pretérito perfecto = he venido
pretérito imperfecto = venía
pretérito pluscuamperfecto = había venido
pretérito indefinido = vine
pretérito anterior = hube venido

Las diferencias entre unos y otros son matices de significado que expresamos mediante unas formas u otras.

Pretérito perfecto: «he venido, has venido... hoy, esta semana, este mes...». Se trata de expresar algo que ha tenido lugar ya, que ha sucedido, pero dentro de la unidad de tiempo (día, semana, mes...) a que nos estamos refiriendo o que tomamos como medida de tiempo.

Por ejemplo, en el mes de octubre podemos decir: «este año he veraneado en casa de mis abuelos». El veraneo es algo ya alejado en el tiempo pero cae dentro de la unidad de tiempo (año, en esta ocasión) a la que nos estamos refiriendo o que hemos tomado como medida.

Pretérito indefinido: «vine, viniste, vino... ayer, la semana pasada, el mes pasado». Se trata de algo que ha sucedido en una unidad de tiempo (día, semana, mes...) anterior a la que nos estamos refiriendo o dentro de la cual nos situamos al decir esas palabras.

Pretérito imperfecto: «venía, venías, venía (él)... esta mañana, ayer...». Se trata de algo que ya ha sucedido pero que el hablante lo presenta en su desarrollo («venía» = «estaba viniendo») o destaca el carácter repetitivo, habitual, de la acción («venía» = «solía venir»).

De este modo, el sistema verbal castellano ofrece al hablante distintas posibilidades para expresar determinados matices con relación a la circunstancia de tiempo de las acciones que expresa, mediante formas verbales concretas.

Pero no todos los idiomas ofrecen las mismas posibilidades. Por eso, para traducir de un idioma a otro, en ocasiones hay que utilizar diversos recursos con el fin de decir en un idioma lo que en el otro se puede expresar mediante una forma verbal concreta.

Esto supuesto, vamos a exponer, primero, las formas verbales que presenta el euskera para expresar los matices de tiempo y, luego, veremos las equivalencias con las formas castellanas.

1.3.4.1. *Formas de presente*

A continuación, desarrollaremos cuadros o paradigmas con todas las formas verbales, tanto analíticas como sintéticas.

1.3.4.1.1. Formas analíticas

Como ya hemos visto antes, estas formas verbales constan de un verbo en forma no personal (el verbo principal) y otro en forma personal (el verbo auxiliar, que en euskera suele ser el verbo IZAN o el verbo UKAN). Por lo tanto, se conjugan sólo los verbos auxiliares, y empezaremos exponiendo las formas de presente del verbo IZAN, para exponer luego las del verbo UKAN.

VERBO **IZAN**

Formas **NOR**

ni	**naiz**	yo	soy
hi	**haiz**	tú	eres
hura	**da**	él	es
gu	**gara**	nosotros	somos
zu[10]	**zara**	tú eres/usted	es
zuek	**zarete**	vosotros sois/ustedes	son
haiek	**dira**	ellos	son

---

[10] **ZU** es singular en cuanto al significado (tú/usted) pero es plural en cuanto a la forma. Por eso se suele incluir entre los plurales.

Por ejemplo: como auxiliar:

ni etortzen naiz = yo vengo	**hi etortzen haiz** = tú vienes
ni etorri naiz = yo he venido	**hi etorri haiz** = tú has venido
ni etorriko naiz = yo vendré	**hi etorriko haiz** = tú vendrás

Son formas irregulares en las que se pueden reconocer los morfemas personales:

N- «yo» primera persona del singular
H- «tú» segunda persona del singular, etc.

Formas **NOR-NORI**

Nor													**Nori**
N	**-**	**a**	**-**	**t**	**-**	**za**	**-**	**i**					**T/DA**
H	**-**	**a**	**-**	**t**	**-**	**za**	**-**	**i**					**K/N**
-						**za**	**-**	**i**					**O**
G	**-**	**a**	**-**	**t**	**-**	**za**	**-**	**i**	**-**	**zki**	**-**		**GU**
Z	**-**	**a**	**-**	**t**	**-**	**za**	**-**	**i**	**-**	**zki**	**-**		**ZU**
Z	**-**	**a**	**-**	**t**	**-**	**za**	**-**	**i**	**-**	**zki**	**-**		**ZUE-te**
-						**za**	**-**	**i**	**-**	**zki**	**-**		**E**

Veamos cómo funciona este cuadro. Si queremos decir, por ejemplo,

he venido

utilizaríamos las formas del cuadro de la página anterior, pues se trata de un verbo **NOR** que sólo va a variar en función del sujeto, «yo», y diríamos

etorri NAIZ

Pero ahora los verbos **NOR-NORI** van a variar en función del sujeto (elemento **NOR**) y del que solemos llamar «complemento indirecto» (elemento **NORI**). Por eso, estas formas verbales nos sirven para decir, por ejemplo,

os hemos venido

Y lo haremos utilizando el cuadro o paradigma de la siguiente manera:

– de la primera columna, cogeremos la parte correspondiente al elemento **NOR**, es decir, al sujeto. En este caso, el sujeto es «nosotros» y, por tanto, cogeremos la **G**

– de la segunda columna, cogeremos en todas las ocasiones la **A**, menos cuando el sujeto sea la 3.ª persona del singular o del plural: por eso ponemos un guión (-), indicando que ese elemento no tiene correspondencia en estas personas

– y lo mismo haríamos con la 3.ª columna, cogiendo la **t**

– de la 4.ª y 5.ª columna, cogeríamos lo que hay: la sílaba **ZA** y la letra **i** en todos los casos. De manera que, hasta el momento, nos va saliendo la forma **g-a-t-za-i-**

– de la 6.ª columna, cogeremos la sílaba **ZKI** sólo en los casos en los que el sujeto sea plural. Tengamos en cuenta que en euskera el tú/usted también se incluye entre las formas plurales, como hemos dicho antes[11]. Ya vamos formando la palabra **gatzaizki-**

– y finalmente nos queda el último elemento, el elemento **NORI**, que cogeremos de su columna, la 7.ª, en esta ocasión, **ZUE**[12]. Y así hemos obtenido

os hemos venido = **etorri gatzaizkizue**

---

[11] Véase p. 62, nota 48.

[12] Esa sílaba **-te** que aparece en esta última columna sólo se añade al final cuando el sujeto es «vosotros».

Del mismo modo podemos comprobar cómo formamos los siguientes verbos:

me ha venido	**etorri zait**
me han venido	**etorri zaizkit**
me habéis venido	**etorri zatzaizkidate**[13]
te hemos venido	**etorri gatzaizkizu**
le has venido	**etorri zatzaizkio**
le ha venido	**etorri zaio**

De este modo, cualquier forma verbal correspondiente a este cuadro o paradigma tiene la siguiente estructura:

morfema NOR	morfema de presente -A-	t	lexema verbal -ZA-	i	morfema de plural **-ZKI-**	morfema NORI

nos acercamos a ellos = **hurbildu G-A-t-ZA-i-ZKI-E**
me acerco a él = **hurbildu N-A-t-ZA-i-O**

Observaciones:

1. El elemento NOR de tercera persona carece de morfema y de la **-A-** de presente. Y eso tanto en el singular como en el plural. Es la forma más empleada.

se me ocurre = **bururatzen ZAIT**
se te acerca = **hurbiltzen ZAIZU**
se les cae = **erortzen ZAIE**

---

13 La sílaba **DA** que aparece en la última columna, la correspondiente al elemento **NORI** después de la **T**, se utiliza sólo en los casos en los que después de la **T** que habría que utilizar sigue otra sílaba como esta **te** correspondiente al sujeto «vosotros», como hemos dicho en la nota anterior.

2. El elemento NORI de segunda persona del singular («a ti») tiene dos morfemas posibles: **-K** y **-N** . El primero (**-K**) se emplea al dirigirse a una persona de sexo masculino, y el segundo (**-N**) al dirigirse a una persona de sexo femenino[14]. Por ejemplo:

a ti, Jon, se te ha caído = **hiri, Joni, erori zaiK**
a ti, Miren, se te ha caído = **hiri, Mireni, erori zaiN**

3. Entre las formas del plural figuran dos con el mismo morfema NOR: **zu** (tú/ usted) y **zuek** (vosotros/ustedes). Para distinguirlas se añade a esta última el morfema **-TE** al final del verbo.

te has acercado a él = **hurbildu zatzaizkio**
os habéis acercado a él= **hurbildu zatzaizkioTE**

4. El morfema NORI de la primera persona del singular («a mí») es **-T-**. Pero, ¿cómo diremos?

os habéis acercado a mí = **hurbildu zatzaizkiT-Te (?)**

Pues no. En estas ocasiones, cuando al mencionado morfema **-T-** le sigue un sonido consonántico, se añade una vocal de unión (**-A-**) y la **-T-** se convierte en **-D-**. Así:

zatzaizkiT-Te = **zatzaizkiDAte**[15]

Lo mismo sucede con la segunda persona:

zaizkiK + (e)n = **zaizkiAn**

---

[14] Ésta es una de las pocas ocasiones en las que el euskera refleja el «género» gramatical. Véase nota 7, p. 14 y observación 2, p. 70.

[15] Este fenómeno fónico (la transformación de un sonido /T/ en /D/, se llama «sonorización» y se produce en muchos idiomas. Esto ocurrirá siempre que al morfema NORI de la primera persona -**T**- le siga un sonido consonántico.

Esto es así, pero, teniendo en cuenta que las formas más frecuentemente utilizadas son las que corresponden a las terceras personas (singular y plural) correspondientes a los elementos NOR, vamos a exponer los cuadros concretos de estas terceras personas, que, ciertamente, se deducen del cuadro general antes expuesto.

Singular

él... a mí	**zait**
él... a ti (masc.)	**zaik**
él... a ti (fem.)	**zain**
él... a él	**zaio**
él... a nosotros	**zaigu**
él... a ti/usted	**zaizu**
él... a vosotros(vds.)	**zaizue**
él... a ellos	**zaie**

Plural

ellos... a mí	**zaizkit**
ellos... a ti (masc.)	**zaizkik**
ellos... a ti (fem.)	**zaizkin**
ellos... a él	**zaizkio**
ellos... a nosotros	**zaizkigu**
ellos... a ti (vd.)	**zaizkizu**
ellos... a vosotros	**zaizkizue**
ellos... a ellos	**zaizkie**

Veamos ahora las formas de presente del otro verbo auxiliar, UKAN.

VERBO **UKAN**

Formas **NOR-NORK**

Nor			**Nork**
N - a		**- u -**	**- T**
H - a		**- u -**	**- K/N**
D		**- u -**	**- -**
G - a	**- it -**	**- u -**	**- GU**
Z - a	**- it -**	**- u -**	**- ZU**
Z - a	**- it -**	**- u - zte**	**- ZUE**
D	**- it -**	**- u -**	**- TE**

Veamos cómo funciona este cuadro **NOR-NORK**. Si queremos decir, por ejemplo,

nos ves

utilizaremos este cuadro o paradigma del modo siguiente:

- de la 1.ª columna, cogeremos la parte correspondiente al elemento **NOR**, es decir, en esta ocasión, el que solemos llamar «complemento directo», porque el verbo «ver» es un verbo transitivo y en estos verbos transitivos el elemento **NOR** representa a dicho complemento directo; en este caso, «nos» es 2.ª persona del plural: cogeremos la **G**

- de la 2.ª columna, cogeremos en todas las ocasiones la **a**, menos cuando el complemento directo o elemento **NOR** sea 3.ª persona del singular o del plural. Como en esta ocasión «nos» es 2.ª persona del plural, según lo dicho, la cogeremos

- de la 3.ª columna, sólo cogeremos la sílaba **it** cuando el complemento directo sea plural, es decir, signifique varias personas o cosas. Como en esta ocasión «nos» lo es, la cogeremos: **it**

- de la 4.ª columna, cogeremos siempre la **u**. Ya vamos formando la palabra **ga-it-u-**

- de la 5.ª columna, cogeremos la sílaba **zte** cuando el complemento directo pertenezca a la 2.ª persona del plural (vosotros). En esta ocasión, no la cogemos porque «nos» es 1.ª persona del plural

- Y, finalmente, de la 6.ª columna, tomamos el elemento **NORK** sujeto. En esta ocasión, el sujeto es «tú». Cogeremos la sílaba **zu**. Y así hemos obtenido

nos ves = **ikusten gaituzu**

De la misma forma, podemos comprobar cómo construimos las formas verbales siguientes:

veo un monte = **mendi bat ikusten DuT**
te veo = **ikusten ZaituT**
tú me ves = **ikusten NauZU**
vosotros nos veis = **ikusten GaituZUE**
nosotros os vemos = **ikusten ZaituZTEGU**
él ve = **ikusten Du**
él los ve = **ikusten DITu**

De este modo, resulta fácil comprobar que las formas verbales de este paradigma tienen la siguiente estructura interna:

morfema NOR	morfema de presente **-A-**	morfema de plural **-IT-**	lexema verbal **-IT-**	morfema NORK

Observaciones:

1. El elemento NOR de tercera persona ahora sí tiene morfema personal, tanto en el singular (**D-**) como en el plural (**D-** + **-IT-**), aunque sigue careciendo del morfema de presente (**-A-**), como hemos visto en el verbo **izan**.

2. De nuevo encontramos los dos morfemas posibles (**-K** y **-N**) para el elemento NORI de la segunda persona del singular según el sexo de la persona a quien hablemos o de quien estemos tratando, como hemos visto en el verbo **izan**[16].

3. El elemento NORK de tercera persona del singular carece de morfema:

yo lo vendo = **nik saltzen dut**
él lo vende = **hark saltzen du**

4. También encontramos en el plural dos formas con el mismo morfema NOR (**zu** = tú/usted y **zuek** = vosotros/ustedes). En esta ocasión, el morfema diferenciador se coloca entre el lexema del verbo (**-u-**) y el morfema NORK que corresponda

yo te veo = **nik ikusten zaitut**
yo os veo = **nik ikusten zaituZTEt**

5. El morfema NORK de tercera persona del plural es **-TE**, pero, cuando acompaña a los morfemas NOR del plural, se convierte en **ZTE**.

ellos me ven = **ikusten nauTE**
ellos nos ven = **ikusten gaituZTE**
ellos te ven = **ikusten hauTE**
ellos te ven = **ikusten zaituZTE** (tú/usted)

---

[16] Véase nota 7, p. 14 y nota 53, p. 66.

Como hemos hecho con el auxiliar IZAN, vamos a extraer del cuadro expuesto las formas más frecuentes, que son las que corresponden a las terceras personas (singular y plural) del elemento NORK.

Singular

yo... a él[17]	**dut**
tú (masc.)... a él	**duk**
tú (fem.)... a él	**dun**
él... a él	**du**
nosotros... a él	**dugu**
tú (vd.)... a él	**duzu**
vosotros (vds.)... a él	**duzue**
ellos... a él	**dute**

Plural

yo... a ellos	**ditut**
tú (masc.)... a ellos	**dituk**
tú (fem.)... a ellos	**ditun**
él... a ellos	**ditu**
nosotros... a ellos	**ditugu**
tú (vd.)... a ellos	**dituzu**
vosotros (vds.)... a ellos	**dituzue**
ellos... a ellos	**dituzte**

[17] No hay que confundir estas construcciones, «yo... a él» y las siguientes, con las que hemos visto en las formas verbales NOR-NORI. Ahora estamos viendo las formas NOR-NORK y, por lo tanto, «yo... a él» expresa una relación de sujeto (nork) con su CD (nor). Por ejemplo: *yo* veo *a él* **nik ikusten dut.**

Formas **NOR-NORI-NORK**

NOR	NORI	NORK
	T(DA)	**T**
	K/N(A/AN)	**K/N**
D -i-(-zki-)	**O**	**-**
	GU	**GU**
	ZU	**ZU**
	ZUE	**ZUE**
	E	**TE**

En este cuadro observamos que, en la primera columna (correspondiente al elemento NOR), sólo tenemos una **D** en las terceras personas del singular y del plural. Con esto queremos indicar que, en estas formas verbales **NOR-NORI-NORK**, sólo encontramos formas que correspondan al elemento NOR (el llamado «complemento directo») en tercera persona. Dicho de otro modo, encontramos formas verbales para decir en euskera

Jon entrega un libro a Aitor

pero no para decir

Jon me entrega a Aitor
Jon te entrega a Aitor
Jon nos entrega a Aitor
etc.

Dicho lo cual, veamos cómo funciona este cuadro. Si queremos decir, por ejemplo,

entrega un libro

contamos con la forma verbal **NOR-NORK**

liburu bat ematen du

Pero ahora nos estamos planteando decir en euskera

vosotros nos entregáis dos libros

Y para ello contamos con el cuadro **NOR-NORI-NORK**, que utilizaremos del modo siguiente:

- de la 1.ª columna, cogeremos siempre la **D**, que corresponde al único elemento NOR posible en este tipo de formas verbales

- de la 2.ª columna, cogeremos también siempre la **i**

- de la 3.ª columna, cogeremos la sílaba **zki** (que ya hemos visto como representativa del plural) cuando el elemento NOR (el famoso «complemento directo» en estas ocasiones) esté en plural, como ocurre en nuestro ejemplo («dos libros»)

- de la 4.ª columna, escogeremos el elemento que corresponda al elemento NORI (complemento indirecto) según de qué persona se trate en cada ocasión. Hay que tener en cuenta que la **T** de primera persona del singular se cambiará en **DA** cuando le siga alguna sílaba, como hemos visto y volveremos a ver enseguida. En este caso, ese elemento NORI es «nos»: **GU**. Ya vamos formando la palabra **d-i-zki-gu-**

- Y, finalmente, de la 5.ª columna, tomaremos el elemento NORK correspondiente a la persona de que se trate. La tercera persona del singular carece de este morfema. En nuestro ejemplo se trata de «vosotros»: **zue**. Y así hemos obtenido:

nos entregáis dos libros = **bi liburu ematen dizkiguzue**

De la misma forma, podemos comprobar cómo construimos las formas verbales siguientes:

me han vendido el caserío	= **baserria saldu didate**
le habéis quitado el nido al pájaro	= **txoriari kendu diozue habia**
le daré el bolígrafo	= **boligrafoa emango diot**
le he pedido cien euros	= **ehun euro eskatu dizkiot**
os dejaremos los libros	= **liburuak utziko dizkizuegu**

Las formas verbales de este paradigma tienen la siguiente estructura interna:

Morfema NOR	-i-	morfema plural NOR **-ZKI-**	morfema NORI	morfema NORK

Observaciones:

1. **eman dit** («me lo ha dado») y **eman didazu** («me lo has dado»): en estas dos formas verbales, el morfema NORI es el mismo **-T/-DA**. En el segundo de ellos (**-DA**), observamos el fenómeno explicado antes[18]: una sonorización del morfema **-T** al quedar entre dos vocales (**didazu**), ya que se le ha añadido una vocal de unión **-a-**: **dit-zu** = **did-a-zu**.

2. **esan dit**, **esan dio**, **esan dizu** («me ha dicho», «le ha dicho», «te ha dicho»). En estas formas se observa también lo señalado anteriormente[19]: el elemento NORK en su tercera persona del singular carece de morfema.

3. **eman dik**, **eman din**: «te ha dado» a ti, chico, y a ti, chica, se convierten en **eman diate** y **eman dinate** («ellos te han dado»), al añadirse una **-a-** como vocal de unión, al igual que en la observación 1.

---

[18] Véase nota 53, p. 66.

[19] Véase p. 70, observación 3.

1.3.4.1.2. Formas sintéticas

Como hemos indicado antes[20], entre los verbos que presentan formas sintéticas podemos distinguir las cuatro clases de formas verbales que venimos exponiendo: NOR, NOR-NORI, NOR-NORK y NOR-NORI-NORK.

Sin embargo, en esta ocasión no ofreceremos todas estas posibilidades porque en la práctica son pocas las que se utilizan.

Igualmente, son pocos los verbos que ofrecen formas sintéticas. Entre los principales podemos señalar los siguientes, unos de tipo NOR o intrasitivos, y otros de tipo NOR-NORK o transitivos:

Verbos de tipo NOR o intransitivos:

egon estar **nago**, **hago**, **dago**, **gaude**, **zaude**, **zaudete**, **daude**

ibili andar **nabil**, **habil**, **dabil**, **gabiltza**, **zabiltza**, **zabiltzate**, **dabiltza**

joan ir **noa**, **hoa**, **doa**, **goaz**, **zoaz**, **zoazte**, **doaz**

etorri venir **nator**, **hator**, **dator**, **gatoz**, **zatoz**, **zatozte**, **datoz**

Verbos de tipo NOR-NORK o transitivos:

eraman llevar **daramat**, **daramak/n**, **darama**, **daramagu**, **daramazu**, **daramazue**, **daramate**

20 Véase p. 60.

ekarri traer **dakart, dakark/n, dakar, dakargu, dakarzu, dakarzue, dakarte**

jakin saber **dakit, dakik/n, daki, dakigu, dakizu, dakizue, dakite**

eduki tener **daukat, daukak/n, dauka, daukagu, daukazu, daukazue, daukate**

Por ejemplo:

yo lo llevo	**nik daramat**
tú lo traes	**hik dakark/n**
él lo sabe	**hark daki**
nosotros lo tenemos	**guk daukagu**

Cuando estos verbos transitivos llevan el CD (Snor) en plural, lo reflejan introduciendo las sílabas **-tza**, o **-zki**, o simplemente una **-z**, del modo siguiente:

yo los llevo	**nik daramatzat**
tú los traes	**hik dakartzak/n**
él los sabe	**hark dakizki**
nosotros los tenemos	**guk dauzkagu**

1.3.4.2. *Formas del pasado*

Tanto los verbos auxiliares como los sintéticos (es decir, los que llevan los morfemas de persona y número) tienen unas formas específicas de pasado, que exponemos a continuación siguiendo el mismo esquema: primero, las formas analíticas, es decir, las formas de los verbos auxiliares (IZAN y UKAN), que son las que se conjugan, y luego las formas sintéticas.

1.3.4.2.1. Formas analíticas

VERBO **IZAN**

Formas NOR

nintzen
hintzen
zen
ginen
zinen
zineten
ziren

Por ejemplo:

etorri nintzen	=	vine
etortzen nintzen	=	venía
ibili hintzen	=	anduviste
ibiltzen hintzen	=	andabas
erori ziren	=	cayeron
erortzen ziren	=	caían[21]

Formas NOR-NORI

Nor				Nori	
N -in	**-t-**	**za-**	**i-**	**DA**	**-n**

---

21 Obsérvese que el significado de pasado lo aporta el verbo auxiliar en forma personal, mientras que el verbo principal (en forma no personal) aporta el aspecto perfectivo o imperfectivo:

etorri: perfectivo	**etorri nintzen** = vine : perfectivo
etortzen: imperfectivo	**etortzen nintzen** = venía: imperfectivo

Esto es válido para todas las formas analíticas. Para simplificar, una vez explicado esto en esta ocasión, no lo repetiremos para las formas NOR-NOR, NOR-NORK ni NOR-NORI-NORK. El problema de los verbos sintéticos lo veremos en su momento.

H	**-in**	**-t-**	**za-**	**i-**		**A/NA**		**-n**
Z	**-i**	**-t-**	**za-**	**i-**		**O**		**-n**
G	**-in**	**-t-**	**za-**	**i-**	**zki-**	**GU**		**-n**
Z	**-in**	**-t-**	**za-**	**i-**	**zki**	**ZU**		**-n**
Z	**-in**	**-t-**	**za-**	**i-**	**zki**	**ZUE**	**-te-**	**-n**
Z	**-i**	**-t-**	**za-**	**i-**	**zki**	**E**		**-n**

Por ejemplo:

etorri zitzaidan = me vino
ahaztu zitzaion = se le olvidó
gustatu zitzaizkion = le gustaron
bururatu zitzaien = se les ocurrió
hurbildu gintzaizkizuen = nos acercamos a vosotros

La estructura interna de estas formas verbales es la siguiente:

morfema NOR	morfema de pasado **-IN-**	**-t-**	lexema verbal **-ZA-**	**-i-**	morfema plural NOR	morfema NORI	morfema de pasado **-N-**

VERBO **UKAN**

Formas **NOR-NORK**

Nor Nork

N	**-in**	**-DU-**	**DA**	**-n**
H	**-in**	**-DU-**	**A/NA -n**	
-			**-**	**-n**
G	**-in**	**-TU-**	**GU**	**-n**
Z	**-in**	**-TU**	**ZU**	**-n**
Z	**-in**	**-TU-zte-ZUE**		**-n**
-			**(z)TE**	**-n**

Por ejemplo:

eraman ninduten = me llevaron
ikusi zintugun = te vimos
hartu gintuzten = nos cogieron
lagundu zintuztedan = os ayudé

La estructura interna de estas formas verbales es la siguiente:

morfema NOR	morfema de pasado **-IN-**	lexema verbal **-DU/TU-**	morfema NORK	morfema de pasado **-N-**

Cuando el elemento NOR (complemento directo) corresponde a la tercera persona («yo… *a él*», «nosotros... *a ellos*», («vosotros... *a ellos*»), este verbo auxiliar ofrece las siguientes formas:

singular:	plural:
nuen	**nituen**
huen	**hituen**
zuen	**zituen**
genuen	**genituen**
zenuen	**zenituen**
zenuten	**zenituzten**
zuten	**zituzten**

Por ejemplo:

udare bat jan nuen = comí una pera
nobela bat irakurri genuen = leímos una novela
zigarro bat erre zenuten = fumasteis un cigarro
zigarro asko erre zenituzten = fumasteis muchos cigarros
etxe bat ikusi zuten = vieron una casa
etxe asko ikusi zituzten = vieron muchas casas

La estructura interna de estas formas verbales es la siguiente:

morfema NORK	morfema NOR tercera persona	lexema verbal	morfema de pasado **-EN**

Téngase en cuenta que, aunque se sigan llamando NOR-NORK, en estas formas el morfema NORK va delante del morfema NOR (por eso se deberían llamar «formas NORK-NOR»).

Formas **NOR-NORI-NORK**

Nork		Nori		
N	**-i**	**DA**		**-n**
H	**-i-**	**A/NA**		**-n**
Z	**-i-**	**O**		**-n**
GEN	**-I (-zki-)**	**GU**		**-n**
ZEN	**-i**	**ZU**		**-n**
ZEN	**-i-**	**ZUE**	**-te-**	**-n**
Z	**-i**	**E**	**-te-**	**-n**

Por ejemplo:

eman nizun	=	te lo di
kendu zenien	=	les quitaste
ekarri zizkidaten	=	me los trajeron
saldu zenidan	=	me lo vendiste
harrapatu zenidaten	=	me lo cogisteis

La estructura de estas formas verbales es la siguiente:

morfema NORK	-i-	morfema NOR tercera persona	morfema NORI	morfema de pasado -N-

1.3.4.2.2. Formas sintéticas[22]

Como hemos hecho con las formas de presente de estos verbos sintéticos, también ahora presentaremos las formas de pasado que más se utilizan actualmente:

Verbos de tipo NOR o intransitivos:

egon	estar	**nengoen**, **hengoen**, **zegoen**, **geunden**, **zeunden**, **zeundeten**, **zeuden**
ibili	andar	**nenbilen**, **henbilen**, **zebilen**, **genbiltzan**, **zenbiltzan**, **zenbiltzaten**, **zebiltzan**
joan	ir	**nindoan**, **hindoan**, **zihoan**, **gindoazen**, **zindoazen**, **zindoazten**, **zihoazen**
etorri	venir	**nentorren**, **hentorren**, **zetorren**, **gentozen**, **zentozen**, **zentozten**, **zetozen**

Verbos de tipo NOR-NORK o transitivos

eraman	llevar	**neraman**, **heraman**, **zeraman**, **generaman**, **zeneraman**, **zeneramaten**, **zeramaten**
ekarri	traer	**nekarren**, **hekarren**, **zekarren**, **genekarren**, **zenekarren**, **zenekarten**, **zekarten**
jakin	saber	**nekien**, **hekien**, **zekien**, **genekien**, **zenekien**, **zenekiten**, **zekiten**

---

22 En los verbos sintéticos, estas formas de pasado equivalen, por su significado, al pretérito imperfecto castellano. Por lo tanto, **nentorren = etortzen nintzen** = venía. Para decir «vine», hay que recurrir a las formas analíticas **etorri nintzen**.

eduki	tener	**neukan**, **heukan**, **zeukan**, **geneukan**, **zeneukan**, **zeneukaten**, **zeukaten**

Como hemos visto en las formas de presente, también en las de pasado estos verbos transitivos introducen las mismas sílabas cuando llevan en CD o Snor en plural:

eraman	llevar	**neramatzan**, **heramatzan**, **zeramatzan**, **generamatzan**, **zeneramatzan**, **zeneramatzaten**, **zeramatzaten**
ekarri	traer	**nekartzan**, **hekartzan**, **zekartzan**, **genekartzan**, **zenekartzan**, **zenekartzaten**, **zekartzaten**
jakin	saber	**nekizkien**, **hekizkien**, **zekizkien**, **genekizkien**, **zenekizkien**, **zenekizkiten**, **zekizkiten**
eduki	tener	**neuzkan**, **heuzkan**, **zeuzkan**, **geneuzkan**, **zeneuzkan**, **zeneuzkaten**, **zeuzkaten**

1.3.4.3. *Formas de futuro*

El euskera no ofrece formas verbales especiales para los tiempos de futuro en sus verbos auxiliares. Para expresarlos, acude a la construcción siguiente:

verbo principal en su forma futura	verbo auxiliar en su forma de presente

Por ejemplo:

etorriko naiz	vendré
gustatuko zaizu	te gustará
ikusiko gaituzu	nos verás
esango dizut	te diré

Como resumen de todo lo dicho sobre los tiempos verbales, indicamos a continuación las principales correspondencias entre los tiempos del español y del euskera en sus formas analíticas:

vengo	**etortzen naiz**	veo	**ikusten dut**
he venido	**etorri naiz**	he visto	**ikusi dut**
venía	**etortzen nintzen**	veía	**ikusten nuen**
vine	**etorri nintzen**	vi	**ikusi nuen**
vendré	**etorriko naiz**	veré	**ikusiko dut**
vendría	**etorriko nintzen**	vería	**ikusiko nuen**

1.3.5. Verbos especiales

En euskera hay unos cuantos verbos que o no se ajustan a las reglas expuestas hasta el momento o se construyen de un modo especial.

a) bizi izan (vivir), **maite izan** (amar), **gorroto izan** (odiar), **uste izan** (pensar, creer), **balio izan** (valer), **behar izan** (deber, necesitar), **nahi izan** (querer, desear).

De todos estos verbos, únicamente el verbo **bizi izan** pertenece a los verbos NOR. Del verbo **behar izan** conviene tener en cuenta que siempre se conjuga como verbo NOR-NORK[23].

behar zaitut	te necesito
joan behar dut	debo ir, tengo que ir
irakurri behar dut	debo leer, tengo que leer

salvo en las construcciones «se necesita» (**behar da**) y similares.

23 Sin embargo, se oye con frecuencia la forma **joan behar naiz** = tengo que ir: es decir, la naturaleza *intransitiva* del verbo **joan** parece que lleva al hablante a utilizar el verbo IZAN (**naiz**) como auxiliar.

Al margen de estas pequeñas peculiaridades, todos ellos coinciden en la siguiente equivalencia de tiempos verbales:

vivo	**bizi naiz**	amo	**maite dut**
he vivido	**bizi izan naiz**	he amado	**maite izan dut**
vivía	**bizi nintzen**	amaba	**maite nuen**
viví	**bizi izan nintzen**	amé	**maite izan nuen**
viviré	**biziko naiz**[24]	amaré	**maiteko dut**
viviría	**biziko nintzen**	amaría	**maiteko nuen**

b) ari-aritu-aritzen-ariko/arituko

Se trata de un verbo de ASPECTO VERBAL IMPERFECTIVO[25], que equivale semánticamente, es decir, por su significado, a la expresión castellana «estar haciendo...». Mediante él se construyen múltiples formas verbales (frases verbales o formas perifrásticas), todas ellas con el auxiliar en forma NOR.

etortzen ari naiz	estoy viniendo
ikusten ari nintzen	estaba viendo

---

24 Se usan, además de las indicadas, las formas **bizi izango naiz**, **maite izango dut** y **gorroto izango dut**. Para los demás verbos, las formas de futuro son **usteko, beharko, balioko.**

25 El «aspecto VERBAL» se distingue del «aspecto TEMPORAL» (p. 59) en que éste depende del «tiempo» en que está expresado el verbo, mientras que aquél, el «aspecto VERBAL», depende de la naturaleza de la acción significada por el verbo. Hay verbos que significan acciones que propiamente no se realizan hasta que no han terminado de realizarse. Por ejemplo, «llegar»: por mucho que yo esté llegando, hasta que no termine de llegar no se puede decir que se ha realizado la acción del verbo «llegar». Tales verbos, por su aspecto VERBAL, son «perfectivos». Otros, en cambio, significan acciones que se realizan, aunque no se hayan terminado de realizar. Por ejemplo, «leer»: mientras estoy leyendo, ya se realiza la acción, sin necesidad de que termine de leer. Estos verbos tienen un aspecto VERBAL «imperfectivo». Otros, como «manosear», tienen un aspecto VERBAL «reiterativo», pues significan acciones que consisten en la repetición de una misma acción: en «manosear» se repite una y otra vez la acción de pasar la mano.

Este verbo **ari (izan)** se construye siempre con el verbo principal en forma imperfectiva[26] = **etortzen**, **ikusten**...

La correspondencia de tiempos y de formas verbales entre euskera y castellano es la siguiente:

irakurtzen ari naiz	estoy leyendo
irakurtzen ari nintzen	estaba leyendo
irakurtzen aritzen naiz	suelo estar leyendo
irakurtzen aritzen nintzen	solía estar leyendo
irakurtzen aritu naiz	he estado leyendo
irakurtzen aritu nintzen	estuve leyendo
irakurtzen ari(tu)ko naiz	estaré leyendo
irakurtzen ari(tu)ko nintzen	estaría leyendo

Aunque hayamos dicho que este verbo siempre lleva el auxiliar en su forma NOR, hay unos casos, concretamente, en la expresión de fenómenos atmosféricos, en que esto no es así:

euria ari DU	está lloviendo
elurra ari DU	está nevando

c) ezin y **ahal** (poder)

Estos verbos se construyen con el auxiliar IZAN o con el auxiliar UKAN según sea el verbo principal al que acompañan. Por ejemplo:

ezin dut egin	no lo puedo hacer
ezin naiz joan	no puedo ir
ahal baduzu, egin	si puedes, hazlo

---

26 Véase p. 54.

d) lagundu (ayudar), **utzi** (dejar), **hasi** (empezar), **jarraitu** (seguir)

Estos verbos forman construcciones especiales con otros verbos en forma IMPERFECTIVA[27]. Por ejemplo:

etxeko lanak egiten lagunduko diot[28]
le ayudaré a hacer los deberes de casa

faborez, utzi (nazazu)[29] **musika entzuten**
por favor, déjame oír la música

berehala afaria prestatzen hasiko gara
enseguida empezaremos a preparar la cena

bihar nire liburua idazten jarraituko dut
mañana seguiré escribiendo mi libro

e) konturatu (darse cuenta), **gogoratu** (acordarse), **arduratu** (encargarse)

Se trata de verbos que en castellano suelen llevar un complemento al que se unen mediante una preposición («rigen» o exigen preposición) y veremos que este complemento se llama «complemento régimen»[30]. También en euskera estos verbos suelen ir acompañados de una palabra que está en en el caso **-Z** de la declinación. Por ejemplo:

ezertaz ez zara konturatu
no te has dado cuenta de nada

---

27 Véase p. 54.

28 Este verbo **lagundu** funciona como NOR-NORK en construcciones del tipo de **mendira lagunduko dut** le acompañaré al monte.

29 En euskera, al hablar coloquialmente, se suelen suprimir las formas de imperativo, utilizando sólo las formas perfectivas del verbo, por ejemplo: **etorri** ven; **utzi bakean** deja(me/le...) en paz.

30 Véase nota 114, p. 140, y nota 123, p. 150.

askotan zutaz gogoratzen naiz
muchas veces me acuerdo de ti

Garazi zure autoaz arduratzen da
Garazi se encarga de tu coche

f) ahaztu (olvidar, olvidarse de), **joan** (ir), **etorri** (venir)

Estos verbos pueden dar lugar a construcciones especiales con significados distintos. Por ejemplo:

bizikletak konpontzen ahaztu zait
se me ha olvidado arreglar bicicletas (antes sabía)

bizikletak konpontzea ahaztu zait
me he olvidado de arreglar las bicicletas (esas concretas que tenía que arreglar)

Xabier Leteren kantak kantatzen etorri gara
hemos venido cantando canciones de Xabier Lete

Xabier Leteren kantak kantatzera etorri gara
hemos venido a cantar canciones de Xabier Lete

1.3.6. Modos verbales

En gramática se llama «modo» de un verbo al conjunto de todas sus formas que expresan una misma actitud del hablante.

Por ejemplo, el verbo «amar» cuenta en español con formas como

amamos, amábamos, amáramos, amemos...

Respecto al «modo verbal», vemos que las dos primeras formas expresan meramente el hecho: el hablante adopta una actitud objetiva. Sin embargo, las dos segundas (amáramos, amemos) reflejan matices que pueden ir desde el deseo, duda, probabilidad, etc. hasta la obligación: el hablante expresa con esas formas verbales una actitud más subjetiva. Las primeras forman parte del «modo indicativo» y las segundas del «modo subjuntivo».

Como hemos visto respecto al «tiempo verbal», tampoco respecto al «modo» todos los idiomas presentan las mismas posibilidades. Por ejemplo, el griego tiene un «modo optativo» que no existe en castellano ni en euskera.

En euskera, podemos distinguir los «modos» siguientes: indicativo, subjuntivo, condicional, potencial e imperativo[31].

Dentro de cada modo, encontramos los dos tiempos indicados anteriormente: presente y pasado. Y, dentro de cada tiempo, ordenaremos las formas de los dos auxiliares **izan** y **ukan**, según el criterio de los morfemas personales, en formas NOR, NOR-NORI, NOR-NORK y NOR-NORI-NORK.

Antes de presentar el cuadro general de los verbos auxiliares, expondremos las principales características de cada uno de los modos.

1.3.6.1. *Indicativo*

Todas las formas verbales estudiadas hasta ahora constituyen el «modo indicativo». Dado que al exponerlas lo hemos hecho con algún detenimiento, no añadiremos nada ahora.

Por lo que toca al morfema de modo, como hemos visto, las formas de indicativo no presentan ningún morfema específico. Pensamos que se puede considerar al indicativo como un modo «no marcado».

---

31 Algunos autores incluyen el condicional dentro del indicativo.

1.3.6.2. *Subjuntivo*

Las formas de subjuntivo acompañan siempre a un verbo principal en su forma «lexemática»[32]:

ikus dezagun veamos

El modo subjuntivo ofrece todas las posibilidades del verbo vasco, tanto para verbos intransitivos (NOR y NOR-NORI) como para verbos transitivos. El conjunto de todas ellas figura en el apartado 1.3.7. «resumen de tiempos y modos verbales»[33].

A continuación, presentamos las formas de uso más frecuente:

Presente: **NOR**

nadin
hadin
dadin
gaitezen
zaitezen
zaitezten
daitezen

NORK

singular:	plural:
dezadan	**ditzadan**
dezaan/nan	**ditzaan/nan**
dezan	**ditzan**
dezagun	**ditzagun**
dezazun	**ditzazun**

32 Véase p. 54.
33 Véase pp. 98 y siguientes.

	dezazuen	**ditzazuen**
	dezaten	**ditzaten**

Pasado: **NOR**

nendin
hendin
zedin
gintezen
zintezen
zintezten
zitezen

NOR-NORK

singular:	plural:
nezan	**nitzan**
hezan	**hitzan**
zezan	**zitzan**
genezan	**genitzan**
zenezan	**zenitzan**
zenezaten	**zenitzaten**
zezaten	**zitzaten**

1.3.6.3. *Potencial*[34]

No tiene ninguna relación con el llamado «modo potencial» en castellano («amaría», «temería», «partiría»). En euskera, el «poten-

[34] ¿Debe considerarse el «potencial» como un modo, junto al indicativo y al subjuntivo, o es más bien un tiempo especial dentro del indicativo o, incluso, dentro del subjuntivo? No vamos a entrar en esta discusión.

cial» está integrado por un conjunto de formas verbales con el morfema **-KE**, que significan «poder» o «posibilidad», sin equivalente directo en castellano. Por ello, para traducirlas, debemos emplear el verbo «poder».

Por ejemplo:

etor daiteke	puede venir
har dezakegu	podemos coger

Como puede observarse, las formas del «potencial», al igual que las del subjuntivo, acompañan a un verbo principal en su forma lexemática[35].

Este modo potencial en euskera tiene tres tiempos:

- presente y pasado: como el indicativo y el subjuntivo
- «hipotético»: es un tiempo especial de este «modo potencial» que, desde el punto de vista semántico, coincide con el castellano «podría». En su estructura interna, coincide totalmente con las formas de pasado del mismo «potencial», excepto el morfema de pasado **-EN**:

jaits nintekeen	pude bajar
jaits ninteke	podría bajar
idatz nezakeen	pude escribir
idatz nezake	podría escribir

Este tiempo «hipotético» cambia los morfemas de 3.ª persona del singular y del plural, del pasado (**Z-**) en **L-**

eser zitekeen	se pudo sentar
eser liteke	se podría sentar

35 Véase p. 54.

Las formas más usadas del modo potencial son las siguientes:

Presente: **NOR**

naiteke
haiteke
daiteke
gaitezke
zaitezke
zaitezkete
daitezke

NOR-NORK

singular:	plural:
dezaket	**ditzaket**
dezakek/n	**ditzakek/n**
dezake	**ditzake**
dezakegu	**ditzakegu**
dezakezu	**ditzakezu**
dezakezue	**ditzakezue**
dezakete	**ditzakete**

Por ejemplo:

ikus dezaket puedo verlo
ikus dezakezu puedes verlo

ikus ditzaket puedo verlos
ikus ditzakezu puedes verlos

Pasado: **NOR**

nintekeen
hintekeen
zitekeen
gintezkeen

zintezkeen
zintezketen
zitezkeen

NOR-NORK

singular:	plural:
nezakeen	**nitzakeen**
hezakeen	**hitzakeen**
zezakeen	**zitzakeen**
genezakeen	**genitzakeen**
zenezakeen	**zenitzakeen**
zenezaketen	**zenitzaketen**
zezaketen	**zitzaketen**

Hipotético: **NOR**

ninteke
hinteke
liteke
gintezke
zintezke
zintezkete
litezke

NOR-NORK

singular:	plural:
nezake	**nitzake**
hezake	**hitzake**
lezake	**litzake**
genezake	**genitzake**
zenezake	**zenitzake**
zenezakete	**zenitzakete**
lezakete	**litzakete**

1.3.6.4. *Condicional*

Dado que este modo sólo se emplea en las proposiciones subordinadas condicionales, su uso y significado se estudiarán más adelante[36]. Ahora nos limitaremos a una exposición desde el punto de vista morfológico, que, ciertamente, se comprenderá mejor cuando se adquiera una visión más global, tras el estudio de los problemas sintácticos que plantea.

La estructura interna de estas formas verbales presenta una gran analogía con las formas de pasado que hemos visto en el modo indicativo. Por ello, muchos autores incluyen en él al modo condicional. Además de ello, presenta el mismo morfema **-KE**, visto en el modo potencial.

El modo condicional presenta dos tipos de formas: las que figuran en el verbo de la estructura global de la oración en la que está incluida la condicional y las de esta condicional. Dicho de otro modo; si distinguimos entre «condicionante» (lo que condiciona) y «condicionado» (lo que está condicionado) en

si lloviera, me quedaría en casa

podremos fácilmente señalar la parte condicionante, «si lloviera», y la parte condicionada, «me quedaría en casa». Pues bien, unas formas verbales aparecen en la parte condicionante y otras en la parte condicionada.

a) formas verbales de la parte condicionante («la condición»)

Son prácticamente las mismas que las del tiempo pasado del indicativo, con las siguientes salvedades:

---

36 Véase pp. 185 y siguientes.

– llevan antepuesto el morfema condicionante **BA-**
– pierden el morfema final **-EN** propio de las formas de pasado

Por ejemplo:

nintzen	**banintz**	**joango banitz...**	= si yo fuera...
nuen	**banu**	**jakingo banu...**	= si yo supiera...
zintudan	**bazintut**	**ikusiko bazintut...**	= si yo te viera...

– el morfema NOR o NORK de tercera persona, que suele ser **Z**, es en esta ocasión **L**

Por ejemplo:

zuen	**balu**	**jango balu...**	= si él comiera...
zen	**balitz**[37]	**esnatuko balitz...**	= si se despertara...

b) formas verbales de la parte condicionada

Hay unas formas de tiempo presente y otras de tiempo pasado. Todas son similares a las de «la parte condicionante», con las siguientes diferencias:

– no llevan antepuesto el morfema condicionante **BA-**

– llevan pospuesto el morfema **-KE,** considerado por algunos autores como «morfema de modo condicional»

– las formas NOR de tiempo presente tienen el morfema correspondiente **-A-**, y todas conservan el morfema **-L-** de terce-

[37] Además, la forma **zen** (forma NOR de tercera persona, pasado, indicativo) se «regulariza» y hace **litz** = **balitz**.

ra persona que hemos visto en las condicionantes. Las formas de pasado recuperan su morfema **-Z-**.

Para comprender todo ello puede ayudar el siguiente cuadro de correspondencias:

Pasado de Indicativo	Condicionante	Condicionado	Condicionado pasado
nintzen	**banintz**	**nintzateke**	**nintzatekeen**
hintzen	**bahintz**	**hintzateke**	**hintzatekeen**
zen	**balitz**	**litzateke**	**zatekeen**
nuen	**banu**	**nuke**	**nukeen**
huen	**bahu**	**huke**	**hukeen**
zuen	**balu**	**luke**	**zukeen**

Por ejemplo:

esnatuko balitz, joango litzateke = si se despertara, iría
irakurriko balu, jakingo luke = si leyera, sabría

En el apartado 1.3.7., «resumen de tiempos y modos verbales», ofrecemos el conjunto de todas las formas del modo condicional.

1.3.6.5. *Imperativo*

Se trata de un modo no muy utilizado en todas sus formas, en el plano coloquial, pues con frecuencia es sustituido por las formas perfectivas[38] del verbo, sin más morfemas.

[38] Véase p. 54.

Por ejemplo:

coge ese pan	**hartu ogi hori**
estate quieto	**egon geldirik**

En el apartado 1.3.7., «resumen de tiempos y formas verbales» ofrecemos todas las formas del impertivo.

1.3.7. Resumen de los tiempos y modos verbales

		NOR	NOR-NORI									NOR-NORK (3.ª pers.)	
			Nor						*Nori*			*Singular*	*Plural*
INDICATIVO	PRESENTE	Naiz	N	a	t	za	i		T			Dut	Ditut
		Haiz	H	a	t	za	i		K/N			Duk/n	Dituk/n
		Da	–			za	i		O			Du	Ditu
		Gara	G	a	t	za	i	zki	GU			Dugu	Ditugu
		Zara	Z	a	t	za	i	zki	ZU			Duzu	Dituzu
		Zarete	Z	a	t	za	i	zki	ZUE	te		Duzue	Dituzue
		Dira	–			za	i	zki	E			Dute	Dituzte
			Nor						*Nori*			*Singular*	*Plural*
	PASADO	Nintzen	N	in	t	za	i		Da		n	Nuen	Nituen
		Hintzen	H	in	t	za	i		A/Na		n	Huen	Hituen
		Zen	Z	i	t	za	i		O		n	Zuen	Zituen
		Ginen	G	in	t	za	i	zki	GU		n	Genuen	Genituen
		Zinen	Z	in	t	za	i	zki	ZU		n	Zenuen	Zenituen
		Zineten	Z	in	t	za	i	zki	ZUE	te	n	Zenuten	Zenituzten
		Ziren	Z	i	t	za	i	zki	E		n	Zuten	Zituzten
			Nor						*Nori*			*Singular*	*Plural*
SUBJUNTIVO	PRESENTE	Nadin	N	a		ki			Da		n	Dezadan	Ditzadan
		Hadin	H	a		ki			A/Na		n	Dezaan/nan	Ditzaan/nan
		Dadin	D	a		ki			O		n	Dezan	Ditzan
		Gaitezen	G	a		ki		zki	GU		n	Dezagun	Ditzagun
		Zaitezen	Z	a		ki		zki	ZU		n	Dezazun	Ditzazun
		Zaitezten	Z	a		ki		zki	ZUE	te	n	Dezazuen	Ditzazuen
		Daitezen	D	a		ki		zki	E		n	Dezaten	Ditzaten
			Nor						*Nori*			*Singular*	*Plural*
	PASADO	Nendin	N	en		ki			Da		n	Nezan	Nitzan
		Hendin	H	en		ki			A/Na		n	Hezan	Hitzan
		Zedin	Z	e		ki			O		n	Zezan	Zitzan
		Gintezen	G	en		ki		zki	GU		n	Genezan	Genitzan
		Zintezen	Z	en		ki		zki	ZU		n	Zenezan	Zenitzan
		Zintezten	Z	en		ki		zki	ZUE	te	n	Zenezaten	Zenitzaten
		Zitezen	Z	e		ki		zki	E		n	Zezaten	Zitzaten

NOR-NORK

Nor					*Nork*
N	a		u		T
H	a		u		K/N
D			u		–
G	a	it	u		GU
Z	a	it	u		ZU
Z	a	it	u	zte	ZUE
D		it	u		TE

Nor				*Nork*	
N	in	du		Da	n
H	in	du		A/Na	n
–	–	–		E	n
G	in	tu		GU	n
Z	in	tu		ZU	n
Z	in	tu	zte	ZUE	n
–	–	–		TE	n

Nor					*Nork*	
N	a		za		Da	n
H	a		za		A/Na	n
D		e	za			n
G	a	it	za		GU	n
Z	a	it	za		ZU	n
Z	a	it	za	te	ZUE	n
D		it	za		TE	n

Nor					*Nork*	
N	in	t	za		Da	n
H	in	t	za		A/Na	n
–	–	–	–		–	n
G	in	t	za		GU	n
Z	in	t	za		ZU	n
Z	in	t	za	te	ZUE	n
–	–	–	–		TE	n

NOR-NORI-NORK

Nor			*Nori*	*Nork*
			T(DA)	T
			K/N(N/NA)	K/N
D	i	(zki)	O	–
			GU	GU
			ZU	ZU
			ZUE	ZUE
			E	TE

Nork		*Nor*	*Nori*		
N	i		Da		n
H	i		A/NA		n
Z	i		O		n
GEN	i	(zki)	GU		n
ZEN	i		ZU		n
ZEN	i		ZUE	te	n
Z	i		E	te	n

Nor			*Nori*	*Nork*	
			Da	Da	n
			A/NA	A/NA	n
D	i	eza (zki)	iO		n
			GU	GU	n
			ZU	ZU	n
			ZUE	ZUE	n
			iE	TE	n

Nork			*Nor*	*Nori*		
N	ie	za		Da		n
H	ie	za		A/Na		n
Z	ie	za		iO		n
GEN	ie	za	(zki)	GU		n
ZEN	ie	za		ZU		n
ZEN	ie	za		ZUE	te	n
Z	ie	za		iE	te	n

		NOR	NOR-NORI		NOR-NORK (3.ª pers.)	
POTENCIAL	PRESENTE		*Nor*	*Nori*	*Singular*	*Plural*
		N a i te ke	N a ki...	Da ke	Dezaket	Ditzaket
		H a i te ke	H a ki	Ka/Na ke	Dezakek/n	Ditzakek/n
		D a i te ke	D a ki	O ke	Dezake	Ditzake
		G a i te z ke	G a ki zki	GU ke	Dezakegu	Ditzakegu
		Z a i te z ke	Z a ki zki	ZU ke	Dezakezu	Ditzakezu
		Z a i te z ke te	Z a ki zki	ZUE ke te	Dezakezue	Ditzakezue
		D a i te z ke	D a ki zki	E ke	Dezakete	Ditzakete
	PASADO		*Nor*	*Nori*	*Singular*	*Plural*
		N in te ke en	N en ki	Da ke en	Nezakeen	Nitzakeen
		H in te ke en	H en ki	A/Na ke en	Hezakeen	Hitzakeen
		Z i te ke en	Z e ki	O ke en	Zezakeen	Zitzakeen
		G in te z ke en	G en ki zki	GU ke en	Genezakeen	Genitzakeen
		Z in te z ke en	Z en ki zki	ZU ke en	Zenezakeen	Zenitzakeen
		Z in te z ke te n	Z en ki zki	ZUE ke ten	Zenezaketen	Zenitzaketen
		Z i te z ke en	Z e ki zki	E ke en	Zezaketen	Zitzaketen
	HIPOTÉTICO		*Nor*	*Nori*	*Singular*	*Plural*
		N in te ke	N en ki	Da ke	Nezake	Nitzake
		H in te ke	H en ki	A/Na ke	Hezake	Hitzake
		L i te ke	L e ki	O ke	Lezake	Litzake
		G in te z ke	G en ki zki	GU ke	Genezake	Genitzake
		Z in te z ke	Z en ki zki	ZU ke	Zenezake	Zenitzake
		Z in te z ke te	Z en ki zki	ZUE ke te	Zenezakete	Zenitzakete
		L i te z ke	L e ki zki	E ke	Lezakete	Litzakete

NOR-NORK								**NOR-NORI-NORK**						
Nor						*Nork*		*Nor*				*Nori*		*Nork*
N	a		za	ke		T						Da	ke	T
H	a		za	ke		K/N						A/Na	ke	K/N
D	E		za	ke		–		D	i	eza	(zki)	iO	ke	–
G	a	it	za	ke		GU						GU	ke	GU
Z	a	it	za	ke		ZU						ZU	ke	ZU
Z	a	it	za	ke	te	ZUE						ZUE	ke	ZUE
D		it	za	ke		TE						iE	ke	TE

Nor						*Nork*		*Nork*			*Nor*	*Nori*		
N	in	t	za	ke		Da	n	N	i	eza		Da		eN
H	in	t	za	ke		A/Na	n	N	i	eza		A/Na		eN
–						–	en	Z	i	eza		iO		eN
G	in	t	za	ke		GU	n	GEN	i	eza	(zki)	GU		eN
Z	in	t	za	ke		ZU	n	ZEN	i	eza		ZU		eN
Z	in	t	za	ke	te	ZUE	n	ZEN	i	eza		ZUE	te	N
–						IE	n	Z	i	eza		iE	te	N

Nor						*Nork*		*Nork*			*Nor*	*Nori*		
N	in	t	za	ke		T		N	i	eza		Da	ke	
H	in	t	za	ke		K/N		H	i	eza		A/Na	ke	
–								L	i	eza		iO	ke	
G	in	t	za	ke		GU		GEN	i	eza	(zki)	GU	ke	
Z	in	t	za	ke		ZU		ZEN	i	eza		ZU	ke	
Z	in	t	za	ke	te	ZUE		ZEN	i	eza		ZUE	ke	te
–						TE		L	i	eza		iE	ke	te

		NOR	NOR-NORI	
CONDICIONAL	CONDICIONANTE		*Nor*	*Nori*
		ba N in t z	ba N in t za i	T
		ba H in t z	ba H in t za i	K/N
		ba L it z	ba L i t za i	O
		ba G ina	ba G in t za i zki	GU
		ba Z ina	ba Z in t za i zki	ZU
		ba Z ina te	ba Z in t za i zki	ZUE te
		ba L ira	ba L i t za i zki	E
	CONDICIONADO PRES.-FUT.		*Nor*	*Nori*
		N in t za te ke	N in t za i	Da ke
		H in t za te ke	H in t za i	A/NA ke
		L i t za te ke	L i t za i	O ke
		G in a te ke	G in t za i zki	GU ke
		Z in a te ke	Z in t za i zki	ZU ke
		Z in a te ke te	Z in t za i zki	ZUE ke te
		L i r a te ke	L i t za i zki	E ke
	CONDICIONADO PASADO		*Nor*	*Nori*
		N in t za te ke en	N in t za i	Da ke en
		H in t za te ke en	H in t za i	A/Na ke en
		za te ke en	Z i t za i	O ke en
		G in a te ke en	G in t za i zki	GU ke en
		Z in a te ke en	Z in t za i zki	ZU ke en
		Z in a te ke ten	Z in t za i zki	ZUE ke te n
		Z i r a te ke en	Z i t za i zki	E ke en
IMPERATIVO			*Nor*	*Nori*
		Hadi	( )	T
		Bedi	H a ki	K/N
			B e ki	O
		Zaitez	( )	GU
		Zaitezte	Z a ki zki	ZU
		Bitez	Z a ki zki	ZUE te
			B e ki zki	E

NOR-NORK (3.ª pers.)		NOR-NORK	NOR-NORI-NORK
Singular	*Plural*	*Nor* *Nork*	*Nork* *Nor* *Nori*
Banu	Banitu	ba N in du Da n	ba N i T
Bahu	Bahitu	ba H in du A/Na n	ba H i K/N
Balu	Balitu	– – n	ba L i O
Bagenu	Bagenitu	ba G in tu GU n	ba GEN i (zki) GU
Bazenu	Bazenitu	ba Z in tu ZU n	ba ZEN i ZU
Bazenute	Bazenituzte	ba Z in tu zte ZUE n	ba ZEN i ZUE te
Balute	Balituzte	– TE n	ba L i E te
Singular	*Plural*	*Nor* *Nork*	*Nork* *Nor* *Nori*
Nuke	Nituzke	N in du ke T	N i Da ke
Huke	Hituzke	H in du ke K/N	H i A/Na ke
Luke	Lituzke	–	L i O ke
Genuke	Genituzke	G in tu ke GU	GEN i (zki) GU ke
Zenuke	Zenituzke	Z in tu ke ZU	ZEN i ZU ke
Zenukete	Zenituzkete	Z in tu zte ke ZUE	ZEN i ZUE ke te
Lukete	Lituzkete	TE	L i E ke te
Singular	*Plural*	*Nor* *Nork*	*Nork* *Nor* *Nori*
Nukeen	Nituzkeen	N in du ke Da n	N i Da ke en
Hukeen	Hituzkeen	H in du ke A/Na n	H i A/Na ke en
Zukeen	Zituzkeen	– en	Z i O ke en
Genukeen	Genituzkeen	G in tu z ke Gu n	GEN i (zki) GU ke en
Zenukeen	Zenituzkeen	Z in tu z ke Zu n	ZEN i ZU ke en
Zenuketen	Zenituzketen	Z in tu zte ke Zue n	ZEN i ZUE ke te n
Zuketen	Zituzketen	– TE n	Z E ke te n
		Nor *Nork*	*Nor* *Nori* *Nork*
		N a za ( )	Da ( )
		K/N	A/Na K/N
		B e za	(B) i eza iO
		G a it za ( )	GU ( )
		ZU	ZU ZU
		ZUE	ZUE ZUE
		B it za TE	(B) i eza zki iE TE

1.4. MORFOLOGÍA DE LOS ADVERBIOS

Los adverbios son unas palabras que, por su estructura interna, pueden definirse del siguiente modo: «palabras que no tienen los morfemas gramaticales propios de los nombres ni de los verbos»; en castellano, no tienen género ni número y, en euskera, no tienen las formas de la declinación, no se declinan o se declinan muy parcialmente. En realidad, los adverbios no tienen morfemas gramaticales salvo en contadas ocasiones[1].

Por ejemplo:

sí	**bai**
no	**ez**
muy	**oso**
más	**gehiago**
lentamente	**astiro**
suavemente	**emeki**

---

1 Salvo en esas contadas ocasiones, la falta de morfemas gramaticales que vemos en los adverbios se da también en otras palabras que llamaremos «enlaces» (preposiciones y conjunciones) con las que se suelen agrupar en una clase de palabras llamadas, por ello, «invariables».

En euskera se suelen distinguir los siguientes tipos de adverbios, desde un punto de vista morfológico:

– adverbios que se forman añadiendo morfemas derivativos a otras palabras:

-KI	**gizonki**	virilmente
	ongi[2]	bien
	zuzenki	rectamente
-KA	**harrika**	a pedradas
	lasterka	rápidamente
	bortxaka	violentamente
	aldizka	a veces
-RO	**berriro**	nuevamente
	zeharo	completamente
	astiro	lentamente
	egunero	diariamente
	urtero	anualmente

– adverbios sin morfemas derivativos:

sobera	demasiado
aski	suficientemente, suficiente
bai	sí

– adverbios que admiten algunas formas de la declinación:

bihar	mañana	**biharko**	para mañana
urruti	lejos	**urrutitik**	desde lejos
hemen	aquí	**hemendik**	desde aquí

---

2 Véase p. 20, nota 15.

Desde un punto de vista semántico, los adverbios se agrupan según su significado en adverbios de tiempo, de lugar, de modo, de cantidad, de afirmación, negación, duda, etc.

Desde un punto de vista morfológico:

– los adverbios de modo pueden adoptar los morfemas gramaticales propios de LOS GRADOS DE SIGNIFICACIÓN[3]:

argi	claramente	**argiago**	más claramente
azkar	rápidamente	**azkarrago**	más rápidamente

– los adverbios de lugar pueden adoptar en euskera morfemas de la declinación que expresen circunstancias de lugar, como hemos visto:

goi	arriba	**goian**, **goiko**, **gora**...
aurre	delante	**aurrean**, **aurreko**, **aurrera**...

---

3 Véase p. 39.

1.5. Morfología de los enlaces: preposiciones y conjunciones

Hemos dicho que en castellano, con frecuencia, las palabras se relacionan unas con otras mediante palabras especiales llamadas ENLACES (preposiciones y conjunciones). Y poníamos los ejemplos siguientes:

sidra	+	Astigarraga	=	sidra **de** Astigarraga
sala	+	profesores	=	sala **de** profesores

En estos casos, decíamos, «el euskera recurre a un conjunto de morfemas relacionantes llamado DECLINACIÓN»[1].

Y, sin embargo, no siempre es así. También en euskera, a veces, las palabras se unen mediante «enlaces»:

ogi	=	pan	+	**ardo**	>	**ogi ETA ardo** = pan y vino
iritsi zen	=	llegó	+	**makila**	>	**makila GABE iritsi zen** llegó sin bastón

[1] Véase p. 19.

Por lo tanto, nos interesa ver, aunque sea brevemente, esta clase de palabras que hemos llamado ENLACES.

Tenemos que advertir ya desde ahora que, al tratarse de elementos que intervienen para unir palabras sin formar parte de ellas, sin formar parte de esas palabras, como los morfemas relacionantes, su planteamiento desborda el campo de la Morfología (que estudia las palabras, sus partes, su composición) para asomarse al de la Sintaxis[2]. Por lo tanto, difícilmente se podrá comprender todo lo que vamos a decir ahora sin un conocimiento elemental de la Sintaxis, del plano sintáctico. Sin embargo, creemos conveniente mantener nuestro esquema y exponer ahora este tema de los enlaces, como palabras que son, dentro de la Morfología.

Entre los enlaces se suelen distinguir dos grupos: las preposiciones y las conjunciones.

Preposiciones: son enlaces que unen palabras (o conjuntos de palabras) que desempeñan distintas funciones sintácticas dentro de una misma oración. Las preposiciones no unen oraciones. Ya vemos que, al hablar de las preposiciones, nos metemos dentro del campo de la Sintaxis, de los conjuntos de palabras:

voy DE mi casa A la plaza

Conjunciones: son enlaces que unen palabras (o conjuntos de palabras) que desempeñan las mismas funciones sintácticas dentro de una misma oración. También pueden unir oraciones. Y de nuevo comprobamos que estamos entrando en el terreno de la Sintaxis porque hablamos de «funciones sintácticas» y de «oraciones», es decir, de conjuntos de palabras y no sólo de palabras y su

---

[2] La Sintaxis estudia los conjuntos de palabras formando frases, textos, oraciones. Véase pp. 116-117.

composición o estructura interna, que es el campo que veníamos estudiando, el de la Morfología.

> fuimos mi hermano Y yo
> nosotros cantamos PERO ellos no bailaron

Es una opinión generalizada que en euskera no existen preposiciones. Quizá puedan considerarse de algún modo como preposiciones algunas palabras como **gabe**, **kontra** y pocas más.

Por ejemplo, en

makila GABE iritsi zen = llegó SIN bastón

la palabra **gabe** (sin) relaciona dos palabras: el verbo **iritsi zen** (llegó) y el sustantivo **makila** (bastón).

En cuanto a las conjunciones, se suelen distinguir:

– *conjunciones propias*: son conjunciones que unen palabras o conjuntos de la palabras que desempeñan la misma función sintáctica (p.e. son «sujeto» o «complemento directo», o lo que sea, lo veremos):

eta	y
edo	o
ala	o[3]

[3] Aunque al hablar en euskera muchas veces se confunden estas dos palabras (**edo** y **ala**), quizá la diferencia entre ambas fuera la siguiente:

edo: equivale a todos los usos de «o» en castellano

ala: significa «o» sólo cuando equivale a una auténtica disyuntiva ante la que haya que elegir. Téngase en cuenta que también en castellano es distinto decir «un bocata O bocadillo» (falsa disyunción, no hay que elegir entre las partes), que decir «me comeré un bocadillo O un par de huevos» (auténtica disyunción, planteo dos posibilidades distintas entre las que hay que elegir).

– *conjunciones impropias*: son conjunciones que unen palabras o conjuntos de palabras que desempeñan distintas funciones. En euskera hay muy pocas conjunciones (o locuciones conjuntivas, lo veremos) impropias. Por ejemplo:

ondoren	después de... (temporal)
baino lehen	antes de... (temporal)
zeren	porque (causal)
nahiz (eta)	aunque (concesiva)
beraz, hortaz	así que, luego... (consecutivas)

1.6. Formación de las palabras

En todos los idiomas existen modos de formar nuevas palabras a partir de las ya existentes. Estos modos o maneras suelen reducirse tradicionalmente a tres:

– Derivación

Formación de palabras a base de morfemas que, por ello, se llaman «morfemas derivativos»[1]. Éste es un sistema muy utilizado en euskera, dado el gran número de morfemas derivativos que ofrece el idioma:

Por ejemplo:

desegile	destructor	**fidagarri**	fiable
ongile	bienhechor	**emangarri**	dable, transmisible
gaizkile	malhechor	**aipagarri**	mencionable

[1] Véase p. 14.

erosketa	compra
salaketa	denuncia
ikasketa	estudio

Con frecuencia, al formar palabras por derivación se produce un cambio en la clase de palabras. Por ejemplo: sustantivos que se convierten en verbos, adjetivos en sustantivos, etc.

Por ejemplo:

lasai	tranquilo/-a (adj.)	**lasaitasun**	tranquilidad (sust.)
beldur	miedo (sust.)	**beldurgarri**	espantoso/-a (adj.)

Un caso concreto de derivación es la formación de sustantivos a partir de verbos (sustantivación de verbos). En euskera se realiza de diversos modos; por ejemplo, tomando como base la forma del verbo que llamamos «imperfectiva»[2] (**ikusten**, **ekartzen**, **joaten**, etc.) y sustituyendo la **-n** final por los morfemas de la declinación:

Por ejemplo:

zure etortzea	tu venida	(**etortzeak**, **etortzeari**, **etortzearen**...)
nire joatea	mi ida	(**joateak**, **joateari**, **joatearen**...)

– Composición

Se trata de la formación de palabras mediante la unión de lexemas[3] o palabras ya existentes:

---

[2] Véase p. 54.
[3] Véase p. 13.

Por ejemplo:

liburu	libro	+	**denda**	tienda	=	**liburu-denda**	librería
uda	verano	+	**berri**	nuevo	=	**udaberri**	primavera
beso	brazo	+	**motz**	corto	=	**besomotz**	manco
on	bueno	+	**hartu**	coger	=	**onartu**	aceptar

– PARASÍNTESIS[4]

Se trata de una combinación de los dos métodos anteriores, derivación y composición. Mediante la parasíntesis se obtienen nuevas palabras uniendo otras ya existentes (composición) y utilizando también morfemas derivativos (derivación).

Por ejemplo:

haur	+ **zain**	+ **degi**	**haurtzaindegi**	guardería
liburu	+ **sal**	+ **tzaile**	**liburu-saltzaile**	librero
mendi	+ **goi**	+ **zale**	**mendigoizale**	montañero
lotsa	+ **gabe**	+ **tasun**	**lotsagabetasun**	desvergüenza

El euskera como idioma, como sistema lingüístico, presenta una gran agilidad y flexibilidad para doblarse sobre sí mismo y adoptar las más variadas formas a partir de otras ya preexistentes. Para ello, utiliza los tres sistemas señalados, derivación, composición y parasíntesis, en todas sus combinaciones posibles[5].

---

4 Algunos autores incluyen la «parasíntesis» dentro de la «composición».

5 Para un conocimiento más amplio de las posibilidades de derivación que ofrece el euskera, véase MUJIKA, Luis M.ª, *La prefijación, clave del euskera técnico y urbano*, San Sebastián, Ediciones Vascas, 1978, y la obra del mismo autor *Origen y desarrollo de la sufijación euskérica*, San Sebastián, Ediciones Vascas, 1979.

2. SINTAXIS

Hasta ahora hemos estudiado las palabras aisladas, su estructura interna, de qué partes (MONEMAS[1]) constan, de tal modo que cada parte (cada MONEMA) encierre algún tipo de significado, distinguiendo dos clases de monemas: los LEXEMAS (raíces o partes de las palabras que encierran su significado básico) y los MORFEMAS o afijos (partes que completan a las anteriores). Estas partes de cada palabra determinan su estructura interna o «*forma* gramatical».

Según fuera esta estructura interna, veíamos varias clases de palabras: sustantivos, adjetivos, verbos, etc.

Sin embargo, al comunicarnos mediante una lengua determinada (en nuestro caso, el euskera) vamos uniendo las palabras unas con otras. Esto es lo que vamos a considerar ahora: las relaciones que se establecen entre las palabras cada vez que decimos algo.

En cada lengua, las palabras se unen entre sí según determinadas reglas formando entre todas una red, un entramado, que ofrece características propias para cada idioma. Vamos a exponer las reglas que determinan esas redes o entramados de palabras propios del euskera. Éste es el cometido de la Sintaxis.

Y vamos a hacerlo de un modo descriptivo: diremos o describiremos cómo son esas relaciones. No haremos un planteamiento genético: cómo surgen esas relaciones, cómo y a partir de qué las va creando o generando el hablante. Haremos una sintaxis «descriptiva», no una sintaxis «generativa».

---

1 Véase nota 6, p. 13.

2.1. La oración

Tomaremos como punto de partida de nuestro estudio sintáctico la unidad de comunicación: un conjunto de palabras mediante las cuales el que habla dice algo completo, una comunicación completa. Esta unidad de comunicación ha venido llamándose tradicionalmente ORACIÓN u ORACIÓN GRAMATICAL. La lingüística del texto le llama TEXTO.

Desde el punto de vista sintáctico se suele decir que una ORACIÓN es un conjunto de palabras que no está relacionado con otras palabras, esto es, que tiene «autonomía sintáctica».

Puede haber varios tipos de oraciones. Estudiaremos el modelo de oración completa, es decir, el que presenta todos los elementos. Tal es la oración que consta, en castellano, de sujeto y predicado.

2.2. SUJETO Y PREDICADO

Veamos unos ejemplos muy sencillos:

ni etxean nago	yo estoy en casa
zu mendian zaude	tú estás en el monte
anaia kalean dago	el hermano está en la calle

En estas oraciones podemos señalar dos elementos que están relacionados de la manera siguiente: si uno es 1.ª persona del singular, el otro también: es decir, concuerdan en número (singular) y en persona (1.ª)[1]. Tal es la relación que se da entre

ni	y	**nago**
zu	y	**zaude**
anaia	y	**dago**

[1] Prescindimos de los casos en los que el verbo está en plural concertando con varios sujetos en singular, y de otras concordancias que podríamos llamar «atípicas», que se dan también en otras lenguas.

Uno de estos elementos (**nago**, **zaude**, **dago**) suele ser un verbo en forma personal[2], y el otro (**ni**, **zu**, **anaia**) un sustantivo o palabra que hace sus veces (por ejemplo, un pronombre).

En torno a cada uno de estos elementos podemos encontrar otros:

etxean	>	**nago**
mendian	>	**zaude**
kalean	>	**dago**

De este modo, las tres oraciones pueden dividirse de la manera siguiente:

ni	/	**etxean nago**
zu	/	**mendian zaude**
anaia	/	**kalean dago**

Al primer elemento se suele llamar SUJETO y al segundo PREDICADO[3].

---

2 O un grupo formado por dos o tres verbos, el último de los cuales suele estar en forma personal:

p.e. **irakurri nahi dut** quiero leer

3 Tradicionalmente, la Gramática ha definido al sujeto como «aquella parte de la oración sobre la cual se afirma o se niega algo». El predicado sería «lo que se afirma o se niega del sujeto». Igualmente, y por ello, recomendaba buscar el sujeto mediante la pregunta «¿quién?». Así, en «el hermano está en la calle», preguntaríamos «¿quién está en la calle?», y de este modo localizaríamos al sujeto: «el hermano». En este tipo de planteamientos tradicionales se atiende más al significado de las palabras y de las oraciones que a su «forma»: «forma» o «estructura interna» en las palabras, y «forma» o «estructura global» en las oraciones. Del mismo modo, y con gran coherencia consigo misma, la Gramática tradicional definía la oración como «la expresión verbal de un juicio», siendo éste «el acto de la mente por el cual unimos dos términos, afirmándolos, o los separamos, negándolos». De este modo, queda claro el planteamiento «logicista» de esta Gramática tradicional. Desde los estudios realizados por Saussure (1857-1913), fundador de la llamada «lingüística estructural», se pretende realizar los estudios lingüísticos con un mayor rigor, separando (en lo posible) el plano lógico-semántico (que se fija en los significados) de los planos morfológico y sintáctico. Si el concepto de sujeto y de predicado son conceptos sintácticos, su definición y explicación no debería ser semántica (basada en los significados) sino sintáctica (basada en las relaciones entre las palabras).

SUJETO y PREDICADO vienen considerándose en castellano como las dos partes en que se puede dividir la oración, de tal manera que cada una de ellas tenga una palabra (el «núcleo») relacionada con otra palabra de la otra parte mediante la concordancia en número y en persona[4], y entre las dos partes se distribuyen todos los componentes de la oración: cualquier palabra de la oración o forma parte del SUJETO o forma parte del PREDICADO.

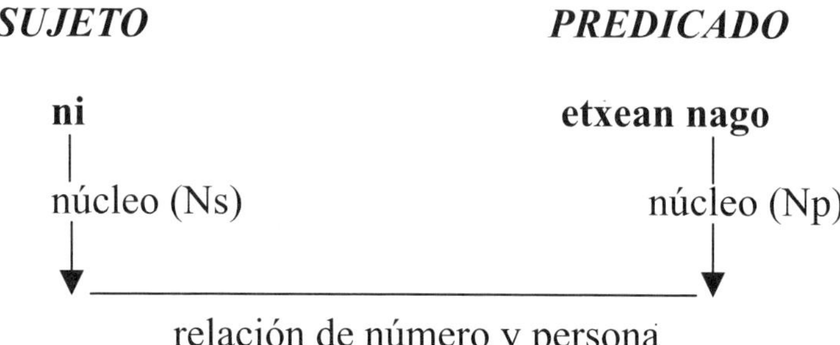

Estas dos partes o componentes de la oración, SUJETO y PREDICADO, pueden constar de una palabra o de varias. Si constan de una sola palabra, ella será el núcleo; si constan de varias, habrá una que sea el soporte de la relación de número y persona, y por lo tanto ella será el núcleo. Por ejemplo:

Respecto a las preguntas «¿quién?» y «¿qué?» para buscar el sujeto y el complemento directo, como respecto a la pregunta «¿a quién?» para buscar el complemento indirecto, creemos que conviene no utilizarlas. Además de por las razones antes indicadas, porque pueden llevar a múltiples confusiones. Por ejemplo, en la oración «me gustan los caramelos», si preguntáramos «¿qué?», pensaríamos que «los caramelos» es el complemento directo, siendo así que su relación con el núcleo del predicado «gustan» es de concordancia de número y persona («el caramelo me gusta» > «los caramelos me gustan»), y, por lo tanto, su función es la de sujeto. En «he visto a Txomin», ¿qué sería «a Txomin»? ¿Complemento indirecto porque responde a la pregunta «¿a quién?» ?

4 Por esta razón, muchos autores consideran que, en euskera, los que hemos venido llamando elementos NOR, NORI y NORK, los tres son SUJETOS, porque los tres están relacionados con el verbo mediante esta relación que hemos atribuido al sujeto. Nosotros seguiremos este criterio.

En todo caso, ambas partes de la oración, SUJETO y PREDICADO, desempeñan una función o un papel dentro de la oración, es decir, son el término de una clase de relación.

Es importante comprender que SUJETO no es sólo la palabra que mantiene la relación con el núcleo del PREDICADO (Np) (en nuestro caso, **anaia** con **dator**). El SUJETO está formado por esa palabra, el núcleo (Ns), y las que vayan con ella: ese conjunto de palabras (**nire anaia**) es el que desempeña la función de SUJETO. Lo mismo habría que decir del PREDICADO, otra clase de función.

En sintaxis se llama «función» o «función gramatical» al «papel» que desempeña una palabra o conjunto de palabras. Y, como siempre, ese «papel» que desempeña algo o alguien está determinado por sus relaciones con los demás: tanto el «papel» o función de un guardia de tráfico (su relación con las calles, los vehículos, los peatones...) como el «papel» o «función» de una columna de un edificio (estará en relación con las vigas y demás elementos arquitectónicos), o el «papel» o «función» de una persona dentro de una familia (la madre lo es y se define por su relación con los hijos, hijas y demás componentes de la familia). De este modo, **nire anaia**, este conjunto de dos palabras, no desempeña ninguna función sintáctica mientras no forme parte de una oración (mientras no se relacione con otro elemento, etc.): según sea su relación con esos otros elementos de la oración, su «papel» o función» será una u otra.

Veamos estos otros ejemplos:

ni ikusten nau nire anaiak mi hermano me ve
nik ikusten dut nire anaia yo veo a mi hermano

Fácilmente se comprueba que la relación entre **nire anaia** y el verbo **ikusi** es distinta en ambas oraciones.

Las relaciones entre las palabras definen o determinan, pues, sus funciones sintácticas.

Ahora bien, de estas funciones conviene tener claras dos cosas.

En primer lugar, *en euskera*, cada función determina la forma de las palabras. Por eso, según qué función determina en nuestro ejemplo, «mi hermano» toma en euskera la forma **nire anaia** (NOR) o la forma **nire anaiak** (NORK).

Y a la inversa, según qué forma tenga una palabra en euskera (según en qué caso esté) desempeñará una u otra función.

Por eso, por la estrecha relación que hay entre la «forma» y la «función» de las palabras (sobre todo en algunas lenguas como el euskera), muchos gramáticos tienden a estudiar conjuntamente la Morfología (la forma de las palabras) y la Sintaxis (la función de las palabras), en un solo capítulo que, por ello, llaman MORFOSINTAXIS.

Sin embargo, aunque la función de una palabra determine su forma, y ésta sirva para conocer su función, la relación entre ambas no es biunívoca. Es decir, a una misma función no corresponde siempre la misma forma (por ejemplo, no todos los SUJETOS tienen la forma NORK), ni cada forma desempeña siempre la misma función (por ejemplo, no siempre el caso NOR se corresponde con la misma función[5]. A pesar de todo, es tan estrecha su correspondencia que, si sabemos qué forma tiene una palabra, en qué caso está, tendremos una buena pista para conocer su función.

Y, en segundo lugar, estas FUNCIONES o relaciones entre las palabras tienen, a su vez, una correspondencia con las relaciones que existen entre los significados de las palabras.

---

5 Véase p. 143.

En nuestros ejemplos anteriores, la relación existente entre el significado del pronombre **ni** (yo) y el significado del verbo **ikusi** (ver) es muy distinta según las dos versiones:

ni ikusten nau nire anaiak	mi hermano me ve
nik ikusten dut nire anaia	yo veo a mi hermano

En el primer caso, es la relación que existe entre un objeto y la acción que recae sobre él, que le afecta directamente; y, en el segundo caso, es la relación entre el que actúa, el agente, y la acción ejecutada. Este tipo de relación es una relación LÓGICA (entre conceptos o ideas), semántica (entre significados). Estas relaciones, latentes en toda oración, son quizá, de algún modo, las más importantes considerando que usamos el lenguaje para decirnos cosas.

Las «relaciones» más importantes en un orden cronológico, porque son las primeras, son las relaciones que están en la mente del que habla y las que van dirigiendo y determinando lo que éste dice y cómo lo dice: por lo tanto, van determinando las estructuras lingüísticas (morfológicas o sintácticas) que empleará al hablar. Son las que conducen su acto de hablar[6]. En este sentido, las estructuras mentales se reflejan, de algún modo, en las estructuras lingüísticas.

Además, también son las primeras en un orden jerárquico, podríamos decir, de importancia. En el fondo, ante cualquier frase, oración, palabra o acto de comunicación entre dos personas, lo importante es

---

6 Precisamente en esto consiste aprender un idioma: asimilar las relaciones entre estructuras lógicas y estructuras lingüísticas, de tal manera que, al hablar, «traduzcamos», «pongamos» AUTOMÁTICAMENTE nuestros pensamientos en palabras bien relacionadas según las reglas de ese idioma que estamos hablando, como quien conduce un coche sin pensar en cada momento «ahora piso el embrague», «ahora muevo la palanca del cambio...» . Sin embargo, hay que evitar el peligro de pensar en un idioma e ir traduciendo al otro idioma al hablar... según las reglas del idioma en que estamos pensando. Tal «traducción» debe hacerse, como hemos dicho, AUTOMÁTICAMENTE, inconscientemente, de tal modo que *nuestro pensamiento se formule ya en el lenguaje que vamos a utilizar*, respetando sus reglas de componer unas palabras con otras. Véase el Prólogo.

lo que se dice, lo que se comunica. Y como un medio, como un instrumento para la comunicación entre las personas, tenemos los idiomas con sus estructuras morfológicas y sintácticas propias.

Sin embargo, como hemos dicho antes[7], desde los estudios de Saussure, a comienzos del siglo XX, el lingüista, el estudioso de la lengua, se plantea tener presente en cada momento en qué plano está aplicando su estudio para desempeñar su trabajo con rigor científico y poder aspirar a conocer la verdadera dimensión y aplicabilidad de sus hallazgos.

Por ello, y considerando que SUJETO y PREDICADO son términos sintácticos, los hemos definido procurando no acudir al plano semántico, es decir, sin atender a sus significados: nos hemos limitado a examinar su relación, que resulta ser una relación de concordancia (en número y en persona) entre dos núcleos: Ns y Np.

Otro concepto que conviene tener bien claro desde este momento es el concepto de SINTAGMA. Llamamos sintagma a todo conjunto de palabras[8] que desempeña una función.

Así, en nuestros ejemplos, **nire anaiak** (mi hermano) es un sintagma porque es un conjunto de palabras que desempeña una función, la de sujeto. También será sintagma **anaiak** porque igualmente desempeña una función, la de núcleo del sujeto (Ns). De este modo, también cada palabra es un sintagma porque desempeña alguna función.

Por lo tanto, dentro de un sintagma pueden existir otros sintagmas. La oración puede ser considerada como el sintagma más amplio, dentro del cual se dan otros sintagmas como, por ejemplo, el sujeto y el predicado[9], y dentro de éstos se encuentran otros más, como luego veremos.

---

7 Véase nota 91, p. 120.

8 Conjunto que puede constar incluso de una sola palabra: conjunto «unitario».

9 Hemos dicho que sólo hablaríamos de oraciones que constaran de S y de P. Pero quizá sea este el momento de hacer una breve alusión a tantas oraciones que no tienen estos dos elementos. Nos referimos a oraciones del tipo de «llueve intensamente esta

2.2.1. SUJETO Y PREDICADO EN EUSKERA

Hasta ahora, y para no complicar demasiado las cosas, hemos ido poniendo ejemplos en los que ciertamente encontrábamos con facilidad un sujeto y un predicado.

Pero en este punto la cuestión no es tan sencilla en euskera.

Si repasamos lo que hemos visto en la Morfología del verbo vasco[10], recordaremos lo siguiente. Por ejemplo

nik zu ikusi zaitut yo te he visto

En la forma verbal **ikusi ZAITUT** veíamos, entre otros, los morfemas personales siguientes:

Z- morfema NOR: **zu** (tú/usted): 2.ª persona del singular[11]

-T morfema NORK: **nik** (yo): 1.ª persona del singular

Si hemos dicho que el sujeto se localizaba mediante la relación de concordancia en número y persona, ¿quién es el sujeto *en euskera* en esta ocasión? El problema se plantea porque tanto el elemento NOR (**zu** en esta ocasión) como el NORK (**nik** ahora) influyen en la forma o estructura interna del verbo vasco. Por ejemplo, si en lugar de **nik** (1.ª persona del singular) decimos **Arantzak** (3.ª persona del singular), la oración quedará así:

Arantzak zu ikusi zaitu Arantza te ha visto

---

tarde», en la que, al no haber sujeto, habría que decir que no hay predicado porque no se da la relación de concordancia que define a ambos. Algo semejante ocurre en oraciones como «otra victoria de la Real en campo ajeno» que encontramos algunas veces en los periódicos.

10 Véase pp. 48 y siguientes.

11 Véase p. 70.

Parece que **nik** era el sujeto, pues al cambiar de persona ha cambiado el verbo. Pero observemos. Si en lugar de cambiar el elemento **nik** cambiamos el elemento **zu**, la oración será ahora

nik hura ikusi dut yo lo he visto

De este modo, parece que también el elemento **zu** es el sujeto, ya que al cambiarlo de 2.ª a 3.ª persona (de **zu** a **hura**) ha cambiado el verbo. También entre él y el verbo se da esa vinculación o relación de concordancia que se da entre núcleo del sujeto y núcleo del predicado.

Por lo tanto, llegamos a la conclusión de que, en pura lógica, la oración

nik zu ikusi zaitut

tiene dos sujetos, **nik** y **zu**, pues ambos están relacionados con el verbo (Np) mediante la relación que define al sujeto: la relación de concordancia en número y persona.

Pero el problema se complica aún más. Veamos esta otra oración:

nik Joni sagar bat eman diot yo le he dado una manzana a Jon

En esta ocasión, son tres los elementos que están relacionados con el verbo mediante esa relación de concordancia famosa: **nik**, **Joni** y **sagar bat**. Comprobémoslo:

– **nik**: si lo cambiamos a 2.ª persona y ponemos **zuk**

zuk Joni sagar bat eman DIOZU

– **Joni**: si cambiamos este elemento a 3.ª persona del plural y ponemos **haiei**

nik haiei sagar bat eman DIET

– **sagar bat**: si este elemento lo ponemos en plural, **sagarrak**

nik Joni sagarrak eman DIZKIOT

Parece claro que la raíz del problema está en la complejidad del verbo vasco, capaz de reflejar las variaciones de los elementos NOR, NORI y NORK.

Cuando clasificábamos los verbos vascos según su estructura interna, es decir, según los morfemas que lo integran[12], decíamos que unos reflejan sólo al sujeto (verbos NOR), otros al sujeto y al complemento indirecto (verbos NOR-NORI), otros al sujeto y al complemento directo (verbos (NOR-NORK) y, finalmente, otros al sujeto, al complemento indirecto y al complemento directo (verbos NOR-NORI-NORK).

En aquel momento no habíamos expuesto los conceptos de «sujeto», «complemento directo» y «complemento indirecto», y nos expresábamos de un modo no riguroso, dando por supuesto que el lector tenía una idea, por lo menos aproximada, de qué son en español el sujeto, el complemento directo y el complemento indirecto. Pensábamos que era una terminología suficientemente operativa para que el lector comprendiera lo que le queríamos decir. Ya en ese momento apuntábamos el carácter sintáctico de estos tres conceptos[13]. Al explicar ahora el concepto de «sujeto», y más adelante los de «complemento directo» y «complemento indirecto», podrá tener el lector una idea más completa de lo que allí decíamos.

Dicho de otro modo: en la oración castellana

yo he dado una manzana a Jon

---

12 Véase p. 51.

13 Véase nota 39, p. 50.

sólo el elemento «yo» está relacionado con el verbo mediante la relación de concordancia que define al sujeto y al predicado, puesto que sólo él condiciona la forma del verbo. Si lo cambiamos, el verbo tendrá que adoptar la forma correspondiente:

vosotros HABÉIS DADO una manzana a Jon

Por ello los elementos «una manzana» y «a Jon», que también van relacionados con el verbo, ya lo veremos, no son el sujeto. Podemos poner «una manzana» en plural y «a Jon» en otra persona, por ejemplo, 2.ª del singular («a ti», «te»), y el verbo original «he dado» no variará:

yo TE *he dado* UNAS MANZANAS

Como conclusión de todo lo que llevamos exponiendo, podemos decir lo siguiente:

a) *en castellano* sólo hay un sujeto, pues sólo un elemento de la oración condiciona la forma del verbo al estar relacionado con él mediante la relación de concordancia en número y en persona

b) *en euskera* puede haber uno, dos o tres sujetos, pues puede haber uno (con verbos NOR), dos (con verbos NOR-NORI o NOR-NORK) o tres elementos de la oración (con verbos NOR-NORI-NORK) que estén relacionados con el verbo mediante esa relación de enfrentamiento. Cada uno de estos tres sujetos adoptará la forma de los casos correspondientes: caso NOR para el sujeto que llamaremos NOR, caso NORI para el sujeto NORI y caso NORK para el sujeto NORK.

Según todo ello, la oración «**nik Joni sagar bat eman diot** = yo he dado una manzana a Jon» tendrá que ser analizada del modo siguiente:

– *en castellano*[14]

S	P
yo	he dado una manzana a Jon

– *en euskera*[15]

Snork	Snor	Snori	P
nik	**sagar bat**	**Joni**	**eman diot**

Llegado este momento, tendremos que estudiar más detenidamente las estructuras o relaciones entre las palabras que pueden presentarse en el sujeto (o en los sujetos) y en el predicado.

14 Utilizaremos la siguientes abreviaturas:

S sujeto	P predicado
Ns núcleo del sujeto	Np núcleo del predicado
CD complemento directo	CI complemento Indirecto

15 Snork = Sujeto NORK, Snor = Sujeto NOR, Snori = Sujeto NORI

2.3. Sujeto

2.3.1. Núcleo (Ns)

En el sintagma sujeto suele haber, como hemos visto, una palabra que es el NÚCLEO, centro o soporte de la relación de concordancia. Y esto, tanto en el sujeto NOR como en el NORK o en el NORI. También hemos visto que esa palabra suele ser un sustantivo (Snor: **sagar**; Snori: **Joni**) o un pronombre (Snork: **nik**).

2.3.2. Modificadores o complementos

Junto al Ns pueden aparecer otras palabras que lo acompañan, modifican, determinan o complementan, y que juntamente con el Ns forman un conjunto de palabras íntimamente unidas que desempeñan una función sintáctica (son un sintagma[1]): la función de sujeto[2]. Estos «acompañantes» suelen recibir en el análisis sintáctico

---

[1] Véase p.125.

[2] Sin embargo, estos modificadores, acompañantes o determinantes no son parte sustancial del sujeto: si los suprimimos, se ha suprimido una parte de la red o estructura

del castellano distintos nombres según qué clase de palabra sean o cómo vayan unidos al Ns: «determinante» (por ejemplo, el artículo castellano, los adjetivos posesivos, demostrativos, etc.), «adjetivo», «adyacente», etc. Es más, no todos los autores los llaman de la misma manera.

Teniendo en cuenta que *en euskera* no son las cosas como en castellano y dado el carácter «elemental» de esta gramática, hemos preferido no entrar en estos detalles y llamar a estos «acompañantes» de una manera que nos ha parecido muy sencilla, práctica y suficientemente válida desde el punto de vista sintáctico: tanto en euskera como en castellano, a los que van unidos directamente al núcleo les llamaremos «modificadores directos» (MD) y a los que van unidos indirectamente «modificadores indirectos» (MI)[3].

En castellano, estos últimos suelen tener una estructura interna formada por el elemento que los relaciona o une al núcleo y que por eso llamaremos «relacionante» (R) y otro elemento (muy sencillo, una sola palabra, o más complicado, un conjunto de palabras), que en realidad es el término, se relaciona –mediante el enlace– con el núcleo al que acompaña: por eso le llamaremos simplemente «término» (T).

En euskera, el elemento relacionante suele ser un morfema de la declinación.

Veamos unos ejemplos:

un amigo	ha venido	**lagun bat**	**etorri da**
S	P	S	P

oracional, pero no se ha deshecho ésta, ni ha quedado ningún elemento desgajado o separado de ella. Estos modificadores están «subordinados» al núcleo al que acompañan, están relacionados con él mediante una relación de «subordinación». Con los núcleos no ocurre esto: suprimiéndolos, los modificadores o acompañantes quedan separados de la estructura oracional.

3 También, por simplificar (aunque quizá estemos simplificando demasiado), mantendremos esta terminología al analizar las oraciones en euskera.

un amigo	**lagun bat**
MD Ns	Nsnor MD

la hermana de Ane	ha venido	**Aneren ahizpa**	**etorri da**
S	P	S	P

la hermana de Ane	**Aneren ahizpa**
MD Ns MI	MI Nsnor

En estos ejemplos podemos observar dos tipos de modificadores:

- «un» **bat**: modificador que se une directamente al núcleo al que acompaña (MD o determinante)
- «de Ane» **Aneren**: modificador que se une al núcleo mediante un elemento gramatical; en español, una preposición («de») y, en euskera, un morfema relacionante de los que hemos visto en la declinación (**-ren**)

  Por ello, al primer modificador («un» **bat**) le llamaremos según lo dicho «modificador directo» (MD), y al segundo («de Ane» **Aneren**) «modificador indirecto» (MI o complemento del nombre).

Modificadores directos o determinantes: en euskera hay unos determinantes que se colocan delante del sustantivo al que modifican y otros que se colocan detrás.

- *MD que se colocan delante*: suelen ser
  - comparativos: p.e. **honenbeste**, **horrenbeste**, **hainbeste**...

horrenbeste lan tanto trabajo

- numerales, excepto **bat** (un, uno) que se coloca detrás

hiru udare	tres peras
udare bat	una pera

- ordinales

bigarren maila	segundo nivel

- sustantivos, en algunas ocasiones

esne behi	vaca lechera

- algunos adjetivos calificativos

euskal alderdi	partido vasco

- *MD que se colocan detrás*

  - demostrativos

ate hau	esta puerta

  - adjetivos calificativos (en general)

gau iluna	la noche oscura
buru handia	la cabeza grande

  - algunos indefinidos: **asko**, **gutxi**, **batzuk**

lagun asko	muchos amigos
diru gutxi	poco dinero

En euskera, estos complementos del nombre (MD) que van detrás de su Ns son los que llevan el morfema del caso que corresponda, en cada ocasión, a todo el sintagma

bide luzeak	los caminos largos

Veamos algún ejemplo más completo:

aitona zaharrek goxokiak ematen dizkiete iloba txikiei
los abuelos viejos dan dulces a los nietos pequeños

aitona zaharrek	**goxokiak**	**ematen dizkiete**	**iloba txikiei**
S_{nork}	S_{nor}	N_p	S_{nori}

aitona	**zaharrek**
N_{snork}	MD

iloba	**txikiei**
N_{snori}	MD

En este ejemplo podemos comprobar cómo el núcleo del predicado (Np) está relacionado con los tres sujetos propios del euskera: Sujeto NOR (**aitona zaharrek**), sujeto NOR (**goxokiak**) y sujeto NORI (**iloba txikiei**). Todos ellos son «sintagmas» porque desempeñan una función dentro de la oración.

Igualmente observamos que algunos de estos sintagmas (**aitona zaharrek** e **iloba txikiei**) tienen su propia estructura interna con un núcleo (**aitona** e **iloba**) que lleva sus correspondientes complementos, adyacentes, modificadores o como los queramos llamar, los cuales, como hemos dicho antes, tienen los morfemas gramaticales propios del sintagma que forman con su núcleo.

Si además del análisis sintáctico que hemos realizado indicando los sintagmas que componen la oración, hiciéramos un análisis morfológico de las palabras, tendríamos que ir detectando los lexemas y morfemas de cada una. Por ejemplo:

- **aitona**: es la forma «mugagabea» de la palabra; todo ello es el lexema sin morfema ninguno

- **zaharrek:**
  - **zaharr-** lexema de la palabra
  - **-ek** morfema gramatical de la declinación, caso NORK, plural, propio del sujeto NORK

- **goxokiak**:
  - **goxoki-** lexema de la palabra
  - **-ak** morfema gramatical de la declinación, caso NOR, plural, propio del sujeto NOR

- **ematen**: en esta oración el verbo está en forma «analítica», es decir, consta de un verbo principal (**ematen**) y un verbo auxiliar (**dizkiete**); **ematen** es la forma imperfectiva del verbo principal **eman**[4]

- **dizkiete**: forma del presente de indicativo, 3.ª persona del plural, del verbo auxiliar **ukan**:
  - **d-**: morfema de la 3.ª persona NOR
  - **-zki**: morfema de la 3.ª persona del plural NOR
  - **-e**: morfema de la 3.ª persona del plural NORI
  - **-te**: morfema de la 3.ª persona del plural NORK

- **iloba**: es la forma «mugagabea» de la palabra; todo ello es el lexema sin morfema ninguno

- **txikiei**
  - **txiki-**: lexema de la palabra
  - **-ei**: morfema gramatical de la declinación, caso NORI, propio del sujeto NORI

---

4 Véase p. 54.

MODIFICADORES INDIRECTOS (MI)

Como hemos dicho, este acompañante del núcleo, o modificador, va unido a él mediante un enlace (E) que *en euskera* suele ser algún morfema de la declinación. Veamos dos ejemplos:

Zubietako alkateak ikusi nau el alcalde de Zubieta me ha visto

<u>Zubietako alkateak</u> <u>ikusi nau</u>
S_{nork} N_{p}

<u>ZubietaKO</u> <u>alkateak</u>
MI N_{snork}

Peruren semeak eramango zaitu el hijo de Peru te llevará

<u>Peruren semeak</u> <u>eramango zaitu</u>
S_{nork} N_{p}

<u>Peruren</u> <u>semeak</u>
MI N_{snork}

2.3.3. SINTAGMA NOMINAL

Hasta aquí hemos venido hablando del SUJETO. Hemos explicado su concepto, qué es[5], las clases de sujeto que hay en euskera[6] y su estructura interna (N-M)[7]. Pues bien, al hablar de su núcleo (Ns), hemos dicho: «esa palabra suele ser un sustantivo o un pronombre»[8].

---

5 Véase pp. 120-121.
6 Véase p. 129.
7 Véase p. 131.
8 Véase p. 131.

Ahora podemos generalizar lo dicho sobre el sujeto diciendo que todo sintagma cuyo núcleo sea un sustantivo (o un pronombre) recibe el nombre de SINTAGMA NOMINAL.

Por lo tanto, como es lógico, los sujetos serán generalmente sintagmas nominales. Pero también podemos encontrar sintagmas nominales en el predicado, como veremos enseguida. Y serán sintagmas cuya estructura interna podrá estar formada por núcleos y determinantes y/o complementos del nombre, que seguiremos llamando MODIFICADORES (MD y MI), es decir, tendrán la misma estructura interna que hemos visto en el sujeto.

Análogamente, aunque casi no haga falta decirlo, reciben el nombre de «Sintagma Verbal», «Sintagma Adjetival» o «Sintagma Adverbial» los sintagmas que tengan como núcleo un verbo, un adjetivo o un adverbio.

Esto, por lo que toca a la estructura interna de un sintagma: su núcleo determina qué clase de sintagma es cada uno.

Pero también por su función, por el papel que desempeña en la oración, un sintagma recibe a veces el nombre de «sintagma nominal», «sintagma adjetival» o «sintagma adverbial», aunque su núcleo no sea un sustantivo, un adjetivo o un adverbio, con tal de que el sintagma en cuestión desempeñe alguna de las funciones propias del sustantivo, del adjetivo o del adverbio.

2.4. PREDICADO

Su estructura está formada por uno o varios núcleos y sus acompañantes que reciben el nombre de «complementos».

2.4.1. NÚCLEO (NP)

Como hemos visto anteriormente[1], el núcleo del predicado suele ser, generalmente, un verbo en forma personal, o un grupo verbal (p.e. **ikusi dut** = he visto) que cuente con un verbo en forma personal. Por ello, y dado que en euskera hemos visto cuatro clases de verbos según los morfemas que puedan presentar en su estructura interna[2], al analizar cualquier oración en euskera, habrá que localizar lo primero de todo el verbo en forma personal, y examinar qué tipos de morfemas presenta. A partir de ello, determinaremos el sujeto o sujetos de la oración.

1 Véase p. 120.
2 Véase p. 51.

2.4.2. Complementos

El Np puede ir acompañado de diversas palabras que lo complementan y que están relacionadas con él de diverso modo. Según el tipo de relación que mantengan con el Np, estas palabras desempeñarán distintas funciones. Veámoslo[3].

a) Complemento directo (CD)

En español, es un complemento que se puede sustituir por un pronombre y que cambia de función pasando a ser el sujeto cuando ponemos la oración en pasiva. Por ejemplo:

yo veo el árbol
CD

- se puede sustituir por un pronombre:

yo LO veo

- cambia de función pasando a ser sujeto...

EL ÁRBOL es visto por mí

En euskera, corresponde a lo que hemos llamado SUJETO NOR (Snor), cuando el verbo es del tipo NOR-NORK o NOR-NORI-NORK.

---

[3] En nuestra exposición de los complementos del Np en castellano, seguiremos la terminología más frecuente: complemento directo (CD), complemento indirecto (CI), complemento circunstancial (CC), complemento régimen (CR), complemento o sujeto agente (Ag) y atributo (ATRI). Incluimos en este último lo que algunos autores llaman «predicativo» por la razón que explicaremos en su momento. También es frecuente sustituir la palabra «complemento» por la palabra «objeto» en los CD y CI. Como veremos, esto no afecta al euskera.

Nuestro ejemplo será

nik zuhaitza ikusten dut
S_{nork} S_{nor} N_p

b) Complemento indirecto (CI)

En español se parece al CD porque se puede sustituir por un pronombre, y se diferencia de él porque no cambia de función al poner la oración en pasiva, cuando se pueda, claro está. Por ejemplo:

yo examino las hojas a un árbol
CI

- se puede sustituir por un pronombre:

yo LE examino las hojas
CI

- y no cambia de función al poner la oración en pasiva

las hojas son examinadas A UN ÁRBOL por mí
CI

En euskera, corresponde al llamado SUJETO NORI (Snori) y puede figurar en la oración cuando el verbo (Np) pertenece al grupo NOR-NORI o NOR-NORI-NORK.

Nuestro ejemplo será

nik zuhaitz bati hostoak aztertzen dizkiot
S_{nori}

c) Atributo (ATRI) o predicativo

Englobamos dentro de este complemento del Np los diversos elementos del predicado que otros autores llaman «atributo» o «complemento predicativo». Veamos algunos ejemplos:

Jon es pequeño
ATRI

Miren está enferma
ATRI

«Pequeño» y «enferma» son componentes del predicado que completan su núcleo y mantienen con él unas relaciones específicas que los distinguen de los CD, CI y CC: esas relaciones son las que definen al ATRIBUTO.

En castellano, esa relación se manifiesta en lo siguiente: el atributo es el único elemento del predicado que, además de estar relacionado con el Np, está también relacionado con otro núcleo, por ejemplo, con el núcleo del sujeto (Ns) o el del CD (Ncd). En los ejemplos que hemos puesto, los ATRIs están relacionados con el Ns y esta relación determina el género del ATRI. Si cambiáramos de género al Ns de nuestros ejemplos, cambiaría el género del ATRI.

Miren es pequeña
ATRI

Jon está enfermo
ATRI

Observemos que también en otras ocasiones puede darse esta relación propia del ATRI. Por ejemplo:

Mikel llegó cansado
ATRI

Encontré delgada a Ainhoa
ATRI

En euskera, está claro que no puede manifestarse una relación de género entre dos palabras, puesto que en euskera no existe el género gramatical. Veamos los ejemplos anteriores:

Jon txikia da

Miren gaixo (gaixorik) dago

Mikel nekatua (nekaturik) iritsi zen

Ainhoa argala ikusi nuen

¿Se puede decir que **txikia**, **gaixo**, **gaixorik**, **nekatua** o **nekaturik** y **argala** son atributos? Evidentemente, desde un punto de vista semántico o significativo, corresponden a atributos castellanos. Pero si el atributo es un componente del predicado, tendremos que dar una explicación sintáctica, es decir, basada en las relaciones que se establezcan entre estos posibles atributos y el Np al que acompañan, indicando cómo y en qué se manifiesta esa relación, y en qué es distinta de la relación que con el Np tienen los demás elementos que pueden figurar en el predicado acompañando a su núcleo, el verbo.

Lo primero que observamos es que todos los elementos señalados como atributos tienen la forma correspondiente al caso NOR (excepto **gaixorik** y **nekaturik** de los que luego hablaremos).

Sin embargo, no pueden confundirse con el Snor que hemos estudiado anteriormente[4], principalmente por una razón: todo Snor, por definición de sujeto[5], debe mantener con el Np una relación de

4 Véase pp. 128 y 140.
5 Véase pp. 119 y siguientes.

concordancia en número y en persona. Y esto no se da ni se puede dar entre el atributo y el Np al que acompaña, pues las palabras que desempeñan la función de atributo (en nuestros ejemplos, **txikia**, **gaixo**, **gaixorik**, **nekatua**, **nekaturik** y **argala**) carecen de la categoría gramatical de persona[6]. Es decir, cualquier palabra de las que hemos empleado para atributo (o que pudiéramos emplear) es invariable en cuanto a la persona.

Por ejemplo:

Miren gaixo dago	Miren está enferma
ni gaixo nago	yo estoy enfermo
hi gaixo hago	tú estás enfermo/a

Veamos ahora qué se puede decir de las formas **gaixorik**, **nekaturik** y equivalentes. Se trata de formas que corresponden al caso «partitivo» de la declinación, cuyo morfema es **-(r)IK.**

Este caso de la declinación se suele utilizar, principalmente, en cuatro ocasiones, como hemos visto en su momento[7]:

- Snor de oraciones negativas

ez dut ardorik no tengo vino

- Snor en oraciones interrogativas

sagardorik baduzu? ¿tienes sidra?

---

6 Los adjetivos no la tienen y los sustantivos (que también pueden desempeñar esta función de predicativo) sólo tienen a lo sumo la de 3.ª persona por su concordancia con los verbos (p.e. «la pared es...», «el médico viene...»).

7 Véase p. 37.

- Snor en las llamadas «proposiciones condicionales»[8]

  Barojaren libururik irakurtzen baduzu...
  si lees algún libro de Baroja...

- Segundo término de los superlativos relativos[9]

  semerik gazteena el más joven de los hijos

Como podemos observar, en tres de estas ocasiones el uso del caso partitivo coincide con usos del caso NOR: los dos pueden desempeñar la misma función: Snor. Del mismo modo no vemos inconveniente en aceptar como normal, dentro del sistema lingüístico del euskera, que el partitivo desempeñe la función de ATRIBUTO, alternando con la forma NOR, como lo hace en la función Snor.

Para terminar este apartado correspondiente al atributo, haremos una última observación respecto a las formas **nekatua**, **nekatuta** y **nekaturik**:

1) la primera de ellas (**nekatua**) se considera como el participio del verbo: amado, cantado, leído... cansado. Como en castellano, esta forma verbal funciona como un adjetivo y, como tal, se declina en euskera. Por ejemplo:

seme nekatua, **seme nekatuari**, **seme nekatuaren**...

2) la segunda (**nekatuta**) y la tercera (**nekaturik**) vendrían a ser «formas adverbiales», más que adjetivas, y, como los adverbios, no se declinan ni admiten formas en plural. Por ejemplo:

nire seme-alabak nekatuta ikusi ditut
he visto a mis hijos (e hijas[10]) cansados

---

[8] Véase p. 94.
[9] Véase p. 40.

d) Complemento agente (Ag)

Se trata de un componente del predicado que acompaña o puede acompañar al Np cuando el verbo está en voz pasiva.

Como ocurre en castellano, el verbo vasco tampoco tiene morfemas específicos para su conjugación pasiva. Ésta se suele construir mediante la forma de participio que acabamos de ver: **bila** > **bilatu** > ***bilatua***, **egin** > **egin** > ***egina***, **eraman** > **eraman** > ***eramana***, **sal** > **saldu** > ***saldua***... y el verbo auxiliar en forma NOR.

En todo caso, esta construcción pasiva es raramente utilizada en euskera. Por ejemplo:

mahai hau nire aitak egina izan zen
esta mesa fue hecha por mi padre

bi gizonek eramana izan zen Txomin
Txomin fue llevado por dos hombres

Como puede observarse, *en euskera* no existe un COMPLEMENTO AGENTE (Ag) como elemento específico con una forma distinta de los componentes del predicado estudiados hasta el momento. Al Ag castellano le corresponde el Snork.

e) Construcción comparativa

Se trata de un tipo de construcción que, en realidad, tanto puede figurar en el sintagma verbal como en el sintagma nominal, porque unas veces es complemento del Np y otras de alguno de sus acompañantes, o incluso del sujeto. Por ejemplo:

---

[10] Recuérdese que en euskera **seme-alabak** equivale al «hijos» del castellano cuando esta palabra incluye también «hijas».

compré una bici más grande que la tuya
constr. comparat.
CD

ha venido un hombre más alto que una torre
constr. comparat.
Sujeto

Itziar es mayor que yo
constr. comp.
ATRI

Los casos posibles de construcción comparativa podemos reducirlos inicialmente a dos grupos:

- con auténticos adjetivos en forma comparativa: «más grande que...», «más alto que...», «mayor que...».
- con el llamado «superlativo relativo»: «el más alto de...» (o «entre...»).

1) Con comparativos

En euskera, la construcción es distinta según lo que se compara sea una cualidad («tan rápido...», «menos débil...») o la cantidad de una cosa («más fiebre...», «tanto vino...», «menos calor...»). En cada uno de los casos se puede observar los tres tipos de comparación: de superioridad, de igualdad y de inferioridad. Veamos cómo se construye todo ello en euskera:

– ***de cualidad*:**

- igualdad

ni zu bezain alferra naiz soy tan vago/a como tú

zurea bezain izozki ona jan dut
he comido un helado tan bueno como el tuyo

La estructura es:

2.º término de la comparación + **BEZAIN** + adjetivo

- superioridad e inferioridad

En castellano, un mismo resultado de una comparación puede decirse de dos maneras. Si comparo X e Y y el resultado es

X > Y

esto se puede decir:

X es mayor que Y: comparativo de superioridad
Y es menor que X: comparativo de inferioridad

En euskera:

X Y baino handiagoa da X es mayor que Y
Y X baino txikiagoa da Y es más pequeño que X

Por lo tanto, la estructura será siempre:

2.º termino de la comparación + **BAINO** + adj-**AGO**

– de cantidad:

- igualdad

Pellok nik hainbat daki
Pello sabe tanto como yo

gaur atzo hainbat euri egin du
hoy ha llovido tanto como ayer

horrek hainbat urte noiz izango duzu?
¿cuándo tendrás tantos años como ése?

Como podemos observar, la estructura es:

2.º término de la comparación + **HAINBAT** + sustantivo[11]

- superioridad e inferioridad

nik zuk baino ardo gutxiago edaten dut
yo bebo menos vino que tú

atzo baino euri gehiago egin du gaur
hoy ha llovido más que ayer

Olatzek baino gutxiago jaten du Iratik
Irati come menos que Olatz

La estructura es:

2.º término de la comparación + **BAINO** + (sustantivo) + **gehiago** o **gutxiago**

---

11 Sustantivo... si lo hay. Estas construcciones comparativas pueden acompañar al Np y entonces desempeñan la función de CC o CD.

2) Con superlativos relativos

nire lagunik zaharrena da Imanol
Imanol es el más viejo de mis amigos

ikastolako ikaslerik argiena da Nekane
Nekane es la más lista de los/as alumnos/as de la ikastola

libururik merkeena
el más barato de los libros

Estructura:

punto de comparación **-(r)IK** + adjetivo **-ENA**

f) complemento circunstancial (CC)

En castellano se trata de un elemento que va relacionado con el Np de tal modo que ni puede ser sustituido por un pronombre, ni cambia de función al poner la oración en pasiva. Este CC puede ser un sintagma nominal (SN) o un adverbio. Cuando se trata de un adverbio (o forma adverbial) va unido directamente al Np. Cuando se trata de un SN, en castellano puede ir unido al Np directamente o por una preposición, y *en euskera* lo hace mediante cualquier morfema de la declinación excepto los siguientes:

- morfemas NOR, NORI, NORK: son propios de los sujetos
- morfemas NOREN y NONGO: son propios de los modificadores indirectos del núcleo de un SN

Por ejemplo:

nire lagunEKIN larunbatETAN afaltzen dut
CC[12] CC
ceno los sábados con mis amigos
CC CC

Un CC que plantea problemas es el adverbio no = **ez**[13].

Desde el punto de vista sintáctico es un claro CC, porque ni puede ser sustituido por un pronombre ni cambia de función al poner la oración en pasiva. Sin embargo, su presencia o ausencia puede determinar, en euskera, cambios en la construcción de la oración cuando el Np es un verbo en forma analítica[14]. Por ejemplo:

Txomin etxera etorriko da Txomin vendrá a casa

Txomin ez da etxera etorriko Txomin no vendrá a casa

Karmele nobela bat irakurtzen ari da
Karmele está leyendo una novela

Karmele ez da nobela bat irakurtzen ari
Karmele no está leyendo una novela

Es decir, el CC **ez** produce un cambio en el orden de las formas verbales: el orden

VERBO PRINCIPAL + VERBO AUXILIAR

se convierte en

EZ + VERBO AUXILIAR + VERBO PRINCIPAL

---

12 Algunos autores no le llaman CC al analizar una oración en euskera. Prefieren fijarse más en la forma que tiene la palabra y llamarle «elemento o sintagma NOREKIN o NOIZ, es decir, le dan el nombre del caso de la declinación. Puede ser un sistema práctico. Respecto al llamado "complemento régimen" (CR), optamos por considerarlo como un CC ya que responde a su definición sintáctica. Por ejemplo, me acuerdo de mi infancia; recuerdo mi infancia. Véase p. 87.

13 Algunos autores hablan de «la construcción negativa».

14 Véase p. 53.

pudiéndose introducir entre ambos el elemento negado (**etxera**, **nobela bat**).

A estos efectos puede considerarse como VERBO PRINCIPAL todo lo que no es VERBO AUXILIAR. Por ejemplo:

Osasunak *irabazi egin* dio Realari
Osasuna ha ganado a La Real

Osasunak ez dio *irabazi* Realari
Osasuna no ha ganado a la Real

Realak *irabazi behar* dio Osasunari
La Real tiene que ganar a Osasuna

Realak ez dio *irabazi behar* Osasunari
La Real no tiene que ganar a Osasuna

Otro cambio posible en la construcción al introducir el CC **ez** consiste en lo siguiente:

zapatak ezkutatu dizkizu zure arrebak
tu hermana te ha escondido los zapatos

zapatak ez dizkizu zure arrebak ezkutatu
tu hermana no te ha escondido los zapatos

Es decir, en euskera se puede construir la oración negativa colocando uno de los elementos de la oración precisamente entre el verbo auxiliar y el verbo principal.

Pero ¿qué elemento de la oración principal debemos colocar entre el verbo auxiliar y el principal?

«Galdegaia»: el elemento inquirido

La respuesta a la pregunta con la que concluía el epígrafe anterior será: «según lo que queramos negar». Porque en euskera es distinto decir

zapatak ez dizkizu zure arrebak ezkutatu

o decir

zure arrebak ez dizkizu zapatak ezkutatu

La primera de estas dos oraciones viene a decir:

no es tu hermana quien te ha escondido los zapatos

mientras que la segunda equivale a:

no son los zapatos lo que te ha escondido tu hermana

La razón de ello, en principio, es muy sencilla. Al construir la oración en euskera hay un lugar de la oración que se reserva para la palabra o expresión a la que se quiere dar mayor importancia. Ese lugar está delante del verbo, dicho de otro modo, delante del Np.

En castellano, esto ocurre en mucho menor grado. Quizá podamos observar una diferencia de matiz en el significado de estas dos oraciones:

ayer vino Marga a mi casa (es ayer cuando vino)
Marga vino ayer a mi casa (es Marga quien vino)

En general, *en castellano* se recalca el elemento que se quiere destacar mediante la entonación en la lengua hablada, y por medio de giros u otras construcciones explícitas en la lengua escrita.

En euskera no hace falta. Las dos oraciones siguientes no significan lo mismo

ni *neska* naiz
***ni* naiz neska**

Aunque traduzcamos las dos por «yo soy chica»[15], la cosa no es tan sencilla. La traducción más exacta podría ser la siguiente:

ni *neska* naiz	chica es lo que soy
***ni* naiz neska**	yo y no otro (tú o ése) soy chica

Planteando lo mismo de otro modo.

Si consideramos cada oración como una respuesta a una posible pregunta previa, esas dos oraciones serían respuestas a dos preguntas distintas:

zer zara zu?	¿qué eres tú?
neska naiz ni	chica es lo que soy
nor da neska?	¿quién es chica?
ni naiz neska	yo soy la que es chica

En la primera se responde a **ZER?** **neska...** chica...

En la segunda se responde a **NOR?** **Ni...** yo...

Por eso hemos dicho que, en euskera, el elemento principal se coloca delante del verbo. Y por eso este «elemento principal» se suele llamar «elemento inquirido» (elemento «preguntado»), y en euskera se suele llamar **galdegaia** (de **galde** = preguntar, y **gaia** = materia o tema), es decir, «la materia o el tema sobre el que se pregunta».

---

15 También cabe la traducción por «yo soy *la chica*»

Los demás elementos de la oración o sintagmas, excepto estos dos (**galdegaia** y Np) se pueden colocar con más libertad, delante o detrás de ellos. Por ejemplo, esta oración

Euskal Herriko mendietan *pinuak* jarri zituzten
en los montes de Euskal Herria pusieron pinos
(pinos fue lo que pusieron en los montes de Euskal Herria)

es igual que

***pinuak* jarri zituzten Euskal Herriko mendietan**[16]

pero distinta de

Euskal Herriko *mendietan* jarri zituzten pinuak
en los montes de Euskal Herria es donde pusieron pinos

Una vez comprendido esto, quizá se comprenda mejor lo que hemos dicho sobre la construcción con **EZ** como CC[17].

iaz ez zuen *Oriok* irabazi Kontxako estropadetan
Orio no fue el que ganó el año pasado en las regatas de la Concha

Éste y no otro es el significado de la oración, pues, como hemos dicho, entre el verbo auxiliar y el verbo principal se suele colocar en euskera el elemento principal: el o la **GALDEGAIA**.

---

[16] Evidentemente, **Euskal Herriko mendietan** forma un sintagma cuya función es CC, o elemento **NON:** este sintagma está afectado todo él por el morfema **-ETAN**, caso NON, plural.

[17] Véase p. 151.

2.5. COORDINACIÓN Y SUBORDINACIÓN

En esta segunda parte del libro, estudio de la Sintaxis, venimos tratando de las relaciones que se dan entre las palabras o grupos de palabras (sintagmas) **dentro** de una oración. En función de estas relaciones, hemos ido viendo qué es el SUJETO, el PREDICADO y los componentes de ambos.

Desde otro punto de vista, las relaciones entre las palabras pueden ser de COORDINACIÓN o de SUBORDINACIÓN[1].

Por ejemplo:

zure laguna eta nire anaia bihar etorriko dira
tu amigo y mi hermano vendrán mañana

Al analizar esta oración, vemos lo siguiente:

zure laguna eta nire anaia	**bihar etorriko dira**
S	P

1 Véase p. 108.

zure	**laguna**	**eta**	**nire**	**anaia**	**bihar**	**etorriko dira**
MI	N_{snor}	E	MI	N_{snor}	CC[2]	P

Al ser **laguna** y **anaia** núcleos del sujeto NOR[3], se da entre ellos una relación de igualdad sintáctica, desempeñan la misma función. Y en esta ocasión van unidos por un enlace (E) propio de estas relaciones de igualdad sintáctica. Este tipo de relación entre dos sintagmas que desempeñan la misma función se llama relación de COORDINACIÓN[4] y a este enlace le llamaremos ENLACE COORDINANTE (EC).

Sin embargo, está claro que, por ejemplo, **zure** y **laguna** no desempeñan la misma función: uno (**laguna**) es núcleo de este pequeño sintagma de dos palabras, y el otro (**zure**) es su determinante o modificador, más concretamente, su modificador indirecto, porque va unido al núcleo mediante el morfema (**-re**) que corresponde al caso NOREN de la declinación.

Los dos juntos (**zure** y **laguna**) forman ese pequeño sintagma que, por desempeñar la función Snor, lleva el morfema **-a** propio del caso NOR. Más aún, al ser **laguna** el núcleo del sintagma, es, por definición, el elemento central del mismo, y **zure** un elemento secundario que de algún modo acompaña, completa o modifica al núcleo. Por ello se dice que la relación entre **zure** y **laguna** es una relación de SUBORDINACIÓN: **zure** está subordinado a **laguna**.

Entre los elementos o sintagmas coordinados no hay relación de dependencia: cualquiera de ellos puede eliminarse sin que por ello el otro quede desligado de la estructura global de la oración, como pue-

---

2 También llamado elemento **NOIZ**, como hemos indicado antes. Véase nota 123, p. 150. Nosotros optamos por la terminología tradicional y a este tipo de elementos les seguiremos llamando «complemento circunstancial» (CC).

3 Véase nota 89, p. 119.

4 Como puede observarse, no distinguimos entre «coordinación» y «yuxtaposición» para no complicar más las cosas. En realidad, tanto una como otra son relaciones entre dos sintagmas que desempeñan la misma función, vayan unidos por un enlace (coordinación) o sin él (yuxtaposición).

de comprobarse en nuestro ejemplo suprimiendo cualquiera de los sintagmas coordinados.

No ocurre esto entre los sintagmas relacionados por subordinación. Entre éstos, uno está realmente subordinado o dependiendo del otro (al que podemos llamar subordinante o principal, en definitiva, núcleo). En nuestro ejemplo, si suprimimos **laguna**, el subordinado **zure** quedará descolgado de la estructura global de la oración, depende sintácticamente de su núcleo **laguna**. Tal es la relación entre los modificadores y complementos con sus núcleos respectivos.

Resumiendo con un ejemplo:

zure arreba,	**nire anaia**	**eta**	**Andoni**	**Gernikara joan dira**
S_{nor}	S_{nor}	EC	S_{nor}	P

zure	**arreba,**	**nire**	**anaia**	**eta**	**Andoni**	**Gernikara**	**joan dira**
MI	N_{snor}	MI	N_{snor}	EC	N_{snor}	CC	N_{p}

Resumiendo:

- **relación de coordinación**: es la que se da entre elementos o sintagmas que desempeñan la misma función:

  (**zure arreba**
  entre (**nire anaia**
  (**Andoni**

- **relación de subordinación**: es la que se da entre elementos o sintagmas que desempeñan distinta función. Uno de ellos es el «subordinante» (o «núcleo») y el otro el «subordinado»:

subordinante	*subordinado*
arreba (N)	**zure** (MI)
anaia (N)	**nire** (MI)
joan dira (N)	**Gernikara** (CC)

2.6. Oración compuesta

Hasta ahora hemos venido estudiando las oraciones que están formadas por dos clases de sintagmas: sujeto y predicado. Para examinarlas o analizarlas, aconsejábamos localizar primero el verbo en forma personal y empezar el análisis a partir de los morfemas de persona que encontráramos, pues esos morfemas de la conjugación nos daban la pista para saber si podíamos buscar un Snor, o un Snori, o un Snork[1], o dos de ellos, o los tres.

Sin embargo, puede ocurrir que nos encontremos con oraciones en las que haya más de un verbo en forma personal. Por ejemplo:

Peru igandean joan zen eta ni gaur etorri naiz
Peru se fue el domingo y yo he venido hoy

Si a la estructura integrada por un sujeto y un predicado (estructura que podemos representar así: S-P) veníamos llamando «estructura oracional», en este nuevo tipo de oraciones nos encontramos con más de una estructura oracional dentro de una misma oración: son las ORACIONES COMPUESTAS.

---

1 Véase p. 129.

De lo dicho, fácilmente se deduce la siguiente definición: oración compuesta es aquella en cuyo interior hay más de una estructura oracional. Analicemos la oración anterior:

Peru igandean joan zen eta ni gaur etorri naiz
O_1 EC O_2

Peru igandean joan zen eta ni gaur etorri naiz
S_{nor} P EC S_{nor} P

Claramente se ve la existencia de las dos estructuras S-P unidas por un enlace coordinante. Sigamos el análisis de cada una de ellas:

Peru igandean joan zen eta ni gaur etorri naiz
N_{snor} CC N_p EC N_{snor} CC N_p

En este sencillo ejemplo se puede comprobar, como hemos dicho, que dentro de una misma oración figuran dos estructuras S-P: se trata de una oración compuesta.

En ella, **Peru igandean joan zen** es un conjunto de palabras organizadas según la estructura S-P y, sin embargo, no es una oración propiamente dicha. Si recordamos la definición de oración[2], veremos que para que un conjunto de palabras constituya una oración debe tener AUTONOMÍA SINTÁCTICA, es decir, no debe estar relacionado sintácticamente con ninguna otra palabra. Y **Peru igandean joan zen** es un conjunto de palabras que está relacionado con otro conjunto: **ni gaur etorri naiz**; la relación, en este caso, se manifiesta por el enlace **eta**. Por lo tanto, estos dos conjuntos de palabras, aunque tengan una estructura propia de una oración (S-P), no son «oración», por no tener autonomía o independencia sintáctica. A este tipo de estructuras S-P sin independencia sintáctica se les suele llamar PROPOSICIÓN.

---

[2] Véase p. 118.

Así pues, en nuestro ejemplo tenemos una oración compuesta formada por dos proposiciones.

2.7. CLASES DE PROPOSICIONES

Al estudiar las proposiciones, lo primero que observamos desde un punto de vista sintáctico es lo siguiente: hay proposiciones que están relacionadas entre sí mediante una relación de igualdad o relación de coordinación, como en nuestro ejemplo, mientras que en otras ocasiones no ocurre esto. En

> **opari bat ekarriko niola esan nion nire lagunari**
> le dije a mi amigo que le traería un regalo

localizamos, en primer lugar, dos estructuras S-P, con dos verbos, dos formas verbales: **ekarriko niola**[1] y **esan nion**:

> O_1 = **opari bat ekarriko niola**
> O_2 = **esan nion nire lagunari**

Tenemos, pues, dos estructuras S-P (O_1 y O_2). ¿Cuál es la relación sintáctica entre ellas? No es difícil comprender que se trata de una relación de subordinación. Veámoslo.

---

1 **Ekarriko niola** = **ekarriko nion** + **-LA**.

Que su relación no sea de coordinación se comprueba fácilmente al ver que, si suprimimos una de las dos, la 2.ª, **esan nion nire lagunari**, la otra, **opari bat ekarriko niola**, queda totalmente descolgada de la estructura global de la oración. Es más, si seguimos el método recomendado en este libro, en la segunda proposición tendríamos que empezar por examinar el verbo **esan nion**. Observamos que el verbo auxiliar es una forma NOR-NORI-NORK (**nion**). A través de él localizamos un Snork (**nik**), no presente, elíptico, y un Snori (**nire lagunari**). ¿Y el Snor? ¿Habrá que pensar que está también ausente, elíptico? Podríamos suponerlo de momento y pensar que es **gauza bat** = una cosa. Pero una vez llegados a esta conclusión provisional, vemos que «esa cosa» no está ausente, elíptica, sino que es **opari bat ekarriko niola** = «que le traería un regalo». De este modo, llegamos a la conclusión definitiva: esa proposición que va por delante (O_1 = **opari bat ekarriko niola**) es el Snor[2] del Np **esan nion**.

Finalmente diremos que, si O_1 es el sujeto NOR de la O_2, queda confirmada nuestra sospecha inicial de que la relación entre ambas es una relación de subordinación: O_1 está subordinada a O_2, desempeña una función dentro de ella (la función de sujeto NOR).

Podemos decir que en nuestro ejemplo toda la oración compuesta engloba dentro de sí una proposición, y su estructura es:

opari bat ekarriko niola	**esan nion**	**nire lagunari**	**(nik)**
$O_1 = S_{nor}$	N_p	S_{nori}	S_{nork}

Al estudiar la relación de subordinación en la oración simple[3], veíamos que el elemento o sintagma subordinado se integraba en la estructura oracional a través de su relación con algún elemento de ella. También la proposición subordinada se integra en la estructura oracional global, con uno de cuyos elementos está relacionada.

---

2 Recuérdese que cuando el verbo tiene un sujeto NORK (Snork) y otro NOR (Snor), éste segundo viene a ser en castellano el CD. Véase p. 140.

3 Véase pp. 156 y siguientes.

Si en nuestro ejemplo O_1 es una proposición relacionada con **esan nion**, quedará integrada en la estructura de que forme parte **esan nion**. Ya lo hemos visto: O_1 es el sujeto NOR de la estructura global que forma toda la oración compuesta.

En euskera, la mayoría de las proposiciones subordinadas se integran en la estructura global de la oración mediante un morfema añadido al verbo auxiliar (por ejemplo, **nioLA**) de la proposición subordinada. Por eso, en la mayor parte de los casos basta ver qué forma verbal lleva un morfema no propio del verbo para localizar así el Np de la proposición subordinada. Por ejemplo:

handitzen zarenean[4] **ikasiko duzu**
cuando crezcas aprenderás

En este ejemplo, vemos que en el grupo verbal **handitzen zarenean** el verbo en forma personal, **zara**, lleva un morfema no verbal **-enean**, y, por lo tanto, el esquema general de toda la oración compuesta será

handitzen zarenean	**ikasiko duzu**	(**zuk**)
O_1= CC	N_p	S_{nork}

Si tenemos ya clara esta distinción entre «proposiciones coordinadas» y «proposiciones subordinadas», podemos estudiarlas más detenidamente.

2.7.1. Proposiciones coordinadas

Estas proposiciones pueden ir unidas entre sí mediante un enlace que, por lo tanto, será enlace coordinante (EC). O ir unidas directamente, sin enlace, y entonces vendrán a ser las llamadas proposiciones «yuxtapuestas»[5]. Por ejemplo:

---

4 La forma verbal **zara** se une con el morfema **-enean** dando lugar a esta forma **zarenean**. Lo mimo ocurre con **da** + **enean** = **denean**, etc.

5 Véase nota 132, p. 157.

nik bazkaria ekarriko dut, zuk jar ezazu mahaia eta zure anaiak lagunduko zaitu
yo traeré la comida, tú prepara la mesa y tu hermano te ayudará

Los tres verbos o grupos verbales nos dan una pista para localizar las tres estructuras oracionales:

O_1 **nik bazkaria ekarriko dut**
O_2 **zuk jar ezazu mahaia**
EC **eta**
O_3 **zure anaiak lagunduko zaitu**

Y fácilmente se observa que la estructura oracional global será

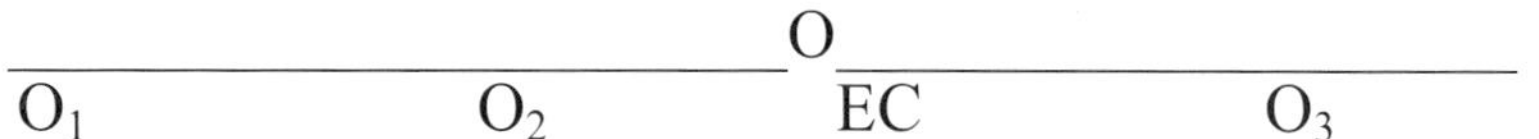

Tradicionalmente se suelen distinguir varias clases de proposiciones coordinadas según el significado del enlace que las coordine (EC), pues este significado determina la relación semántica o de significados entre las proposiciones.

Por ejemplo, las dos proposiciones siguientes

yo toco el piano   tú me lees el periódico

pueden relacionar sus significados de tal manera que lo que significa una se sume a la otra y las dos se cumplan a la vez

nik pianoa jotzen dut ETA zuk egunkaria irakurtzen didazu
yo toco el piano Y tú me lees el periódico

Pero también se podían haber excluido los significados

nik pianoa jotzen dut EDO zuk egunkaria irakurtzen didazu
yo toco el piano O tú me lees el periódico

El significado de los enlaces empleados (**eta**, **edo**) determina la relación entre los significados de las proposiciones: suma o exclusión.

Desde un punto de vista sintáctico, estudiando las relaciones entre las palabras o entre los sintagmas, y no entre sus significados, no consideramos pertinente la clasificación tradicional. Por eso nos limitaremos a apuntarla, indicando las clases de proposiciones coordinadas más importantes[6].

a) copulativas

Dos proposiciones coordinadas son copulativas entre sí cuando lo dicho en una se suma a lo dicho en la otra o en las otras si son varias.

En euskera, los enlaces (EC) suelen ser **eta** = y, **eta ez** = y no, **ezta... ere** = ni[7].

> **Igorrek ez du film hori ikusi, ezta bere aitak ere**
> Igor no ha visto esa película y su padre tampoco

b) disyuntivas

Dos proposiciones son verdaderamente disyuntivas cuando entre sus significados hay una relación tal que, si se cumple una, no se cumple la otra.

> **isilduko zara ala belarrondoko bat emango dizut**
> te callas o te doy una torta

---

6 En dos proposiciones yuxtapuestas, la relación que se puede dar entre sus significados es un asunto más complejo, pues puede estar elíptico o implícito un enlace que cambie las cosas y dé lugar a una relación causal, temporal, etc. según sea el significado de lo que esté elíptico o implícito.

7 La partícula **ere** se coloca al final de toda la proposición encabezada por **ezta**.

Si se cumple la primera («te callas»), no se cumple la segunda (no te daré una torta...).

Hay otras proposiciones disyuntivas en las que esto no es así; pueden cumplirse las dos o cuantas sean. Por ejemplo:

> **mozkortuta dago edo edan du edo...**
> está borracho o ha bebido o...

En euskera los enlaces suelen ser **edo** o **ala** = o. Parece que la diferencia entre ambos enlaces puede ser la siguiente:

- **ala**: se emplea en las disyuntivas completas, las que hemos definido como «verdaderas disyuntivas»: se excluyen

- **edo**: se emplea en cualquier caso. Es normal que por su mayor rendimiento y por «simplificar» o por la llamada «ley de la economía del lenguaje», en la práctica, se emplee más **edo** que **ala**

c) adversativas

La relación entre los significados de dos proposiciones adversativas es algo más complicado. Podemos simplificar diciendo que entre las adversativas lo que se dice en una contradice la otra o lo que se podría deducir de lo que la otra dice. Por ejemplo:

> **hura etorri zen baina nik ez nuen gonbidatu**
> él vino pero yo no le invité

En este ejemplo, de lo que se dice en la primera proposición se podría deducir que yo le había invitado; pues no, yo no le invité.

En euskera, los EC más empleados son **baina** y **ordea**:

nire laguna gelditu zen; nik, ordea, alde egin nuen
mi amigo se quedó pero yo me marché

En todo caso, sí es importante tener en cuenta en este apartado de las PROPOSICIONES COORDINADAS que no existe nunca una coordinada sola: siempre una tiene que estar coordinada con otra (por lo menos); luego, por lo tanto, las dos (o las que sean) serán coordinadas ente sí.

2.7.2. Proposiciones subordinadas

Hemos visto que las proposiciones subordinadas van relacionadas con un elemento de la estructura global de la oración compuesta en la que están integradas. En el ejemplo con el que hemos arrancado el apartado 2.7. (página 163),

O_1: **opari bat ekarriko niola**
que le traería un regalo

era una proposición que estaba relacionada con

esan nion
le dije

Ahora bien, al estudiar la oración simple, vimos que algunas clases de palabras «estaban especializadas» en desempeñar determinadas funciones. Por ejemplo:

el sustantivo	Ns, CD o Snor
el adjetivo	M
el adverbio	CC

De este modo, nos va a resultar fácil clasificar sintácticamente las proposiciones subordinadas en tres clases:

– *proposiciones subordinadas que desempeñan funciones propias del sustantivo*: desempeñarán en la oración global funciones de sujeto o CD (Snor en euskera) y se llamarán «proposiciones subordinadas sustantivas»

– *proposiciones subordinadas que desempeñan funciones propias del adjetivo*: desempeñarán en esa estructura global de la oración funciones de M y se llamarán «proposiciones subordinadas adjetivas»

– *proposiciones subordinadas que desempeñan funciones del adverbio*: desempeñarán la función de CC (o M de algún adjetivo) y se llamarán «proposiciones subordinadas adverbiales»

2.7.2.1. *Subordinadas sustantivas*

Hay varios modos de construir las subordinadas sustantivas en euskera, y todos ellos a base de morfemas que se añaden al verbo de la proposición que esté en forma personal.

– Sustantivas en función de Snor

- **-LA**: ya lo hemos visto anteriormente. Se emplea en sustantivas que estén en función de Snor (CD).

Por ejemplo:

otso batek bost ardi hil dizkiola esan digu artzainak
el pastor nos ha dicho que un lobo le ha matado cinco ovejas

otso batek bost ardi hil dizkiola	**esan digu**	**artzainak**
proposición sustantiva: Snor	N_p	S_{nork}

otso batek	**bost ardi**	**hil dizkiola**	**(hari)**
S_{nork}	S_{nor}	N_{p}	S_{nori}

otso	**batek**	**bost**	**ardi**
N_{snork}	MD	MD	N_{snor}

- **-NIK** se utiliza en lugar de **-la** cuando el Np de la estructura global de la oración compuesta (el llamado «verbo principal») va afectado por el adverbio **ez**. Por ejemplo:

  etorriko zirenik ez zidaten esan
  no me dijeron que vendrían

  zure aita joan denik ez dut entzun
  no he oído que se ha ido tu padre

Como vemos, de los dos verbos que hay en estas oraciones compuestas (el verbo «principal» y el de la proposición subordinada), el adverbio **ez** afecta al «principal». Cuando el afectado es el verbo de la proposición subordinada, se emplea el morfema **-la** que hemos visto antes. Por ejemplo:

ez zenuela auto zaharra salduko esan zenidan
me dijiste que no venderías el coche viejo

- **-N** se utiliza cuando la proposición subordinada sustantiva es una interrogativa que, por ir dependiendo de una estructura global, recibe el nombre de «interrogativa indirecta»: pregunta algo pero no directamente sino a través de algo. Este morfema **-n** va unido al verbo en forma personal. Por ejemplo:

  interrogativa: **non bizi zara?**
  ¿dónde vives?

interrogativa indirecta **non bizi zareN ez dakit**
no sé dónde vives

- **-TEKO** (**-TZEKO**) o formas de subjuntivo

La proposición sustantiva en función de Snor se une a la estructura global mediante estos morfemas cuando el verbo principal significa «orden», «mandato», «petición» o similares[8]. Por ejemplo:

bere etxera joateko (joan nadin) eskatu dit
me ha pedido que vaya a su casa

bizikletak ekartzeko (ekar ditzagun) agindu digu
nos ha mandado que traigamos las bicicletas

– Sustantivas en función de Snork (o Snor de verbos NOR-NORI-NORK)[9]

zu nire etxera etortzea gustatzen zait
me gusta que vengas a mi casa

zu nire etxera etortzeak alaitzen nau
me alegra que vengas a mi casa

Ya vimos[10] que el morfema **-TZE** (**TE**) convertía en sustantivos a los verbos. En esta ocasión, el verbo **etor-etorri-etortzen-**

---

8 Como vemos, las estructuras sintácticas están íntimamente relacionadas con el significado o plano semántico de la oración que queremos construir. Por otra parte, el morfema relacionante -**TEKO** (o -**TZEKO**) no se añade al verbo en forma personal sino en forma imperfectiva, p.e. **joaten** > **joateko.**

9 Cualquier clase de verbo puede llevar Snor. Sin embargo, como hemos repetido en varias ocasiones, el Snor que equivale en castellano al CD se da únicamente con verbos NOR-NORK o NOR-NORI-NORK.

10 Véase p. 112.

etorriko se encuentra utilizado en su forma nominal, como un nombre. Sin embargo, no es únicamente un nombre; conserva también su naturaleza verbal: tiene acompañantes propios del verbo: CC (**nire etxera**) y Snor (**zu**).

Tomemos uno de los ejemplos propuestos y veamos su análisis sintáctico:

zu nire etxera etortzea **gustatzen zait** (**niri**)
proposición sustantiva:Snor Np S_{nori}

zu **nire etxera** **etortzea**
S_{nor} CC Np

nire **etxera**
MI N_{cc}

En esta ocasión, el sintagma **zu nire etxera etortzea**, que desempeña la función de Snor, constituye una proposición porque tiene una estructura oracional S-P y está dependiendo de o incorporada a otro sintagma más amplio. Puede considerarse un caso especial de estructura oracional S-P porque entre su núcleo del sujeto (Nsnor) y su núcleo del predicado (Np) no se da la normal relación de concordancia en número y persona. Sin embargo, sí podemos considerar a **zu** como Snor del verbo **etortzea**, porque, aunque no se dé esa relación habitual en estos caso, sí se conserva de algún modo en el caso NOR de **zu**. Podemos comprobarlo examinando otras oraciones en las que el núcleo del sujeto (Ns) toma su forma nork:

zuk gaizki jateak haserretzen ditu zure gurasoak
a tus padres les enfada que comas mal

En este caso, no es **zu** sino **zuk**, precisamente porque esa palabra está vinculada o relacionada con el verbo **jateak** como su Snork, como antes sí era **zu** por estar relacionada como Snor con el verbo **etortzea**.

También hay en euskera otras formas de construir proposiciones subordinadas sustantivas, pero sólo vamos a detenernos en una de ellas[11]:

haserreturik joan direnek kezkatzen naute
me preocupan los que se han ido enfadados

haserreturik joan direnek kezkatzen naute (ni)
Snork — Np — Snor

haserreturik joan direnek (haiek)
ATRI — Np — Snor

En esta ocasión, la proposición subordinada **haserreturik joan direnek** tiene una estructura de oración (S-P) con un sujeto elíptico o sobreentendido (**haiek** = **haiek joan dira**). El verbo que ocupa el lugar de núcleo de su predicado lleva dos morfemas: el del caso NORK en plural (**-EK**), porque toda la proposición desempeña la función de Snork de la estructura global de la oración compuesta, y, además, lleva el morfema **-N** propio de las subordinadas adjetivas o de relativo, que estudiaremos a continuación: se trata de la proposición que corresponde a la castellana «que se han ido enfadados», pero sustantivada mediante el artículo «los» = «los que se han ido enfadados». Enseguida lo vemos.

Un ejemplo similar sería:

zurekin hitz egin duena nire irakaslea da
el que ha hablado contigo es mi profesor

zurekin hitz egin duena nire irakaslea da
propos. subordinada: Snor — P

zurekin hitz egin duena (hark)
CC — Np — Snork

---

[11] Véase ZUBIRI, Ilari, *Gramática didáctica del euskera*, Didaktiker, Bilbao, 2000, pp. 327 y ss.

La proposición subordinada sustantiva está en función de Snor (representado en su verbo por el morfema **-a**), y es proposición porque, a su vez, tiene la estructura oracional (S-P), con un sujeto también elíptico o sobreentendido (**hark = hark hitz egin du**). También observamos en el verbo auxiliar (**hitz egin duena**) el morfema **-N** propio de las subordinadas adjetivas o de relativo, que estudiaremos a continuación.

– Sustantivas en función de Snori

Este modo de construir las proposiciones sustantivas que acabamos de ver permite construir proposiciones en función de Snori. Por ejemplo:

hor daudenei txartela eska iezaiezu
pídeles la entrada a los que están ahí

La versión castellana de la proposición «a los que...» tiene la misma construcción que la que hemos visto en los dos ejemplos anteriores: «los que se han ido enfadados...» y «el que ha hablado...»). Su análisis sintáctico sería:

hor daudenei	**txartela**	**eska iezaiezu**	(**zuk**)
S_{nori}	S_{nor}	N_p	S_{nork}

hor	**daudenei**	(**haiek**)
CC	N_p	S_{nor}

La proposición subordinada sustantiva está en función de Snori (representado en su verbo por el morfema **-ei**), y es proposición porque, a su vez, tiene la estructura oracional (S-P), con un sujeto también elíptico o sobreentendido (**haiek = haiek hor daude**). En el verbo (**daudenei**) vemos también el morfema **-N** propio de las subordinadas adjetivas o de relativo.

– Sustantivas en función de CC

También se pueden construir proposiciones sustantivas en función de CC con el mismo sistema que hemos visto en los tres últimos ejemplos, es decir, a base de proposiciones de relativo que las sustantivamos con el artículo en castellano («el que...», «a los que...», «con el que...»). Por ejemplo:

zuk dakizunarekin egon naiz gaur
hoy he estado con quien (el que) tú sabes

Y su análisis sintáctico sería el siguiente:

zuk dakizunarekin egon naiz gaur (ni)
prop. subor. sust. CC — N_p — CC — S_{nor}

2.7.2.2. *Subordinadas adjetivas o de relativo*

Lo acabamos de ver: hay un sistema de construir proposiciones subordinadas, decíamos, «a base de proposiciones adjetivas o de relativo». Veamos estas proposiciones:

hor dagoen etxea nire aitarena da
la casa que está ahí es de mi padre

En castellano, analicemos la oración:

la casa que está ahí | es de mi padre
S | P

la | casa | que está ahí
$_{det\ o}$MD | N_s | CN $_o$ MI

que | está | ahí
S | N_p | CC

Vemos claramente que dentro de la estructura global de la oración, «que está ahí» desempeña la misma función que suelen desempeñar los adjetivos, acompañar o complementar al sustantivo.

En euskera, ocurre lo mismo

hor dagoen etxea **nire aitonarena da**
S_{nor} P

hor dagoen **etxea**
P S_{nor}

hor **dagoen** (**hura**)
CC N_p S_{nor}

En castellano, la proposición adjetiva se une al N al que acompaña mediante un pronombre relativo («que», «cual», «quien», «cuyo»..., y por eso se llama también «proposición de relativo») y se coloca normalmente tras el N al que acompaña («la casa que...»). Este pronombre relativo desempeña dos funciones:

- por una parte, se relaciona con la palabra a la que, como pronombre, sustituye («que» o «la cual» se refiere o sustituye a «la casa»); de este modo tiene carácter de enlace (E) entre la proposición subordinada y la principal.

- por otra parte, desempeña una función dentro de la proposición subordinada: en este caso, ese «que», o «la cual», es sujeto de «está».

En euskera, la proposición subordinada adjetiva se une a su núcleo mediante el morfema relacionante **-(E)N** del verbo de la subordinada (en nuestro ejemplo, **dago-EN**) y se coloca delante del núcleo al que acompaña (**hor dagoen etxea**).

Decimos que el verbo (**dago-EN**) de la subordinada tiene un sujeto elíptico o sobreentendido (**hura**) y así es. Alguien podría pensar que su sujeto es **etxea**, y realmente en el plano semántico, en cuanto al significado, sí lo es, pero estamos haciendo un análisis sintáctico y nos fijamos en las relaciones entre las palabras y no en las relaciones de los significados. Hecha esta observación, quizá se entienda mejor el ejemplo siguiente, que lo vamos a ver de otro modo:

egunkariak saltzen dituen mutilarekin dantza egin nuen
bailé con el chico que vende periódicos

Aquí podríamos distinguir dos estructuras oracionales:

mutilarekin dantza egin nuen
bailé con el chico

y

mutilak egunkariak saltzen ditu
el chico vende periódicos

Si unimos las dos oraciones, el elemento de unión es «el chico», que ahora, la segunda vez, en la segunda estructura S-P (la que va a quedar subordinada), es sustituido en castellano por el relativo «que» y en euskera por ese morfema relacionante **-(E)N** que añadiremos al verbo secundario (**egunkariak saltzen dituEN**).

Uniendo las dos oraciones y analizando el resultado, veremos:

egunkariak saltzen dituen mutilarekin **dantza egin nuen** (**nik**)
CC N_p S_{nk}

egunkariak saltzen dituen **mutilarekin**
prop. subor. adj N_{cc}

egunkariak **saltzen dituen** (**hark**)
S_{nor} N_p S_{nork}

En castellano, solemos usar «pronombres relativos» (por ejemplo, en este caso, «que») que tienen sus antecedentes (en este caso, «chico»).

En euskera, no hay nada de eso, sólo hay lo que hay.

Veamos este otro ejemplo:

kalean jaso ninduen gizonari bidali nion opari bat
le mandé un regalo al hombre que me recogió en la calle

En este caso, **gizonari** es el Snori de **bidali nion** (Np de la oración o estructura principal) y **kalean jaso ninduen** no es más que un «acompañante», modificador o complemento de **gizonari**, que con él, con **gizonari** como N, forma el sujeto NORI completo.

kalean jaso ninduen gizonari	**bidali nion**	**opari bat**	(**nik**)
S_{nori}	N_{p}	S_{nor}	S_{nork}

kalean jaso ninduen	**gizonari**
prop. subor. adj.	N_{snori}

kalean	(**ni**)	**jaso ninduen**	(**hark**)
CC	S_{nor}	N_{p}	S_{nork}

Ésta es la proposición subordinada adjetiva con su análisis sintáctico correspondiente.

En euskera, hay otra manera de construir las proposiciones adjetivas o de relativo. Veámoslo con un ejemplo:

ekarri dituzun loreak asko gustatu zaizkit
las flores que has traído me han gustado mucho

Esta oración puede decirse también de este otro modo:

zuk ekarritako loreak asko gustatu zaizkit

Es decir, el CN o MI de **loreak**, que es la proposición subordinada adjetiva, se construye tomando como base la forma perfectiva[12] del verbo subordinado (**ekar** > **EKARRI**) a la cual se le añaden los morfemas relacionantes **-TA** + **KO**.

Esta manera de construir las proposiciones subordinadas adjetivas equivale a la construcción con el participio («traídas») del castellano. Por lo tanto, sólo se utiliza como CN o MI de un sustantivo («flores») cuyo significado equivale al CD («que» o «las cuales») de la proposición («que has traído»).

Aitorrek esandako txorakeriak entzun ditut
he oído las tonterías que ha dicho Aitor

zuk erositako nobela hori irakurtzen ari naiz
estoy leyendo esa novela que has comprado

2.7.2.3. *Subordinadas adverbiales*

Como hemos indicado[13], son proposiciones que desempeñan en la estructura global de la oración compuesta las funciones propias del adverbio: en general CC, pero también otras, por ejemplo, acompañante, complemento o modificador de un adjetivo:

zure nobela irakurri nuenean asko gustatu zitzaidan
cuando leí tu novela me gustó mucho

eskoba bat edukiko banu, zenbat gauza eskobatuko nituzke?
si tuviera una escoba, cuántas cosas barrería

---

12 Véase p. 54.
13 Véase p. 169.

dirua galdu dugulako ezin dugu ezer erosi
no podemos comprar nada porque hemos perdido el dinero

De acuerdo con esta pequeña muestra, observamos distintos modos de construir en euskera las proposiciones subordinadas adverbiales y de entroncarlas en la estructura global de la oración compuesta.

Para ordenar un poco las ideas, y por razones didácticas, vamos a seguir la división tradicional: proposiciones de tiempo, de lugar, de modo, finales, causales, consecutivas, concesivas y condicionales. Se trata de una división puramente semántica, según la circunstancia que significa cada proposición adverbial respecto a la llamada «oración principal».

– **de tiempo**

Dado que en euskera hay varias maneras de expresar la circunstancia de tiempo, presentaremos el esquema de las más utilizadas, con algunos ejemplos

a) **-EAN**: morfema temporal, añadido al verbo en forma personal de la proposición: «cuando...». Por ejemplo:

iritsi denean ezagutu dut
cuando ha llegado le he conocido

handitzen zarenean ikasiko duzu isilik egoteak zenbat balio duen
cuando crezcas aprenderás cuánto vale el estar callado

b) **-N** añadido al verbo en forma personal de la proposición + **BITARTEAN**: «mientras...».

ikasten dudan bitartean, zaindu[14] **nire semea, mesedez**
mientras estoy estudiando, cuida a mi hijo, por favor

c) -ARTE añadido al verbo de la proposición, que está en forma perfectiva o de participio: «hasta que...».

ni heldu arte ez duzue ezer egin
hasta que yo he llegado no habéis hecho nada

nik bukatu arte lagundu nazazu
ayúdame hasta que yo termine

d) -NEZ añadido al verbo en forma personal de la proposición + **GERO (GEROZTIK)**: «desde que...».

joan zaretenez gero, oso ongi portatzen da
desde que os habéis ido se porta muy bien

uda hasi zenez geroztik, euria egin du egunero
desde que empezó el verano ha llovido todos los días

e) Forma perfectiva o de participio del verbo subordinado, sin auxiliar + **ONDOREN**: «después de...».

bazkaldu ondoren puru bat erretzea asko gustatzen zait
me gusta mucho fumar un puro después de comer

oheratu ondoren pasa zitzaidan mina
después de acostarme se me pasó el dolor

f) Forma perfectiva o de participio del verbo subordinado, sin auxiliar, + **BAINO LEHEN** o **AURRETIK**: «antes de...».

---

14 Es muy frecuente el uso del verbo en su forma PERFECTIVA (**zaindu**, **etorri**, **hartu**, etc.) en lugar del imperativo.

lanera joan baino lehen baso bat esne edaten dut
antes de ir a trabajar suelo beber un vaso de leche

euskara ikasi aurretik ez nuen ezer ulertzen
antes de aprender euskera no entendía nada

g) Forma imperfectiva del verbo subordinado + **RAKOAN (-AN)**: «al...».

parte zaharrera joaterakoan istripu bat ikusi dut
al ir a la parte vieja he visto un accidente

euskara ikastean lagun asko egin ditut[15]
al aprender euskera he conocido muchos amigos

– de lugar

Las proposiciones subordinadas de lugar generalmente se resuelven en euskera mediante una proposición adjetiva o de relativo. Por ejemplo:

nik ipini dudan tokian egon behar du
tiene que estar donde lo he dejado
(en el sitio en que lo he dejado)[16]

– de modo

Como las «de lugar», se construyen generalmente recurriendo a proposiciones adjetivas. Por ejemplo:

---

15 Sobre la forma «mugagabea» **asko**, véase p. 22.

16 Se trata de un caso muy claro en el que se comprueba que a una misma idea o estructura lógico-semántica le pueden corresponder varias estructuras sintácticas.

agindu zidaten moduan egin dut
lo he hecho como me lo ordenaron

– finales

Expondremos esquemáticamente las distintas maneras de construir en euskera estas proposiciones finales.

a) forma imperfectiva del verbo subordinado, sin auxiliar + **-RA**: «a...».

liburuak saltzera etorri da neska bat nire etxera
ha venido una chica a mi casa a vender libros

b) forma imperfectiva del verbo subordinado, sin auxiliar + **KO**: «para... ».

dirua irabazteko egin ditut kinielak
he hecho quinielas para ganar dinero

c) poniendo en subjuntivo el verbo de la proposición subordinada:

hamaika aldiz[17] **esango dizuet ikas dezazuen**
os lo diré mil veces para que lo aprendáis

guri bidal zeniezaguten eman zizueten
os lo dieron para que nos lo enviaseis

– causales

Son varios también los modos de construir estas proposiciones en euskera.

---

[17] **Hamaika aldiz**: «once veces»: expresión usada en euskera para ponderar el número de veces, como en castellano se dice «mil veces».

a) -LAKO añadido al verbo en forma personal de la proposición subordinada:

horrelako gauzak esaten dituzu mozkortuta zaudelako
dices esas cosas (ese tipo de cosas) porque estás borracho

asko gustatu zaidalako erosiko dut disko hori
compraré ese disco porque me ha gustado mucho

b) ETA añadido al final de la proposición subordinada:

eztarriko mina dut, asko erre dut eta
tengo dolor de garganta porque he fumado mucho («he fumado mucho y...»)

c) ZEREN introduciendo la proposición subordinada; hay varias maneras de construir estas subordinadas:

- reforzando **ZEREN** con un **ETA** a continuación:

ohean nago zeren eta zezen batek jo nau sanferminetan
estoy en la cama porque me ha cogido un toro en los sanfermines

- reforzando el **ZEREN** con **BAIT-** como morfema o prefijo colocado delante del verbo en forma personal de la proposición, formando parte de él

... zeren zezen batek jo bainau (contracción de **bait nau**)

- reforzando el **ZEREN** con un morfema **-(E)N** pospuesto al verbo en forma personal de la proposición:

... zeren zezen batek jo nauen

d) sólo el morfema **BAIT-** antepuesto al verbo auxiliar de la proposición:

... zezen batek jo bainau

– **consecutivas**

Estas proposiciones se construyen frecuentemente uniéndose a la estructura global de la oración mediante las conjunciones o expresiones de valor conjuntivo **orduan**, **beraz**, **hortaz**, etc.

simaurra bota diet landareei; beraz, indartuko dira[18]
he echado estiércol a las plantas, así es que se fortalecerán

– **condicionales**

Se trata de proposiciones que, por su vinculación lógico-semántica con la estructura global de la oración, han sido objeto de múltiples estudios y análisis. Con frecuencia, a la oración compuesta que engloba una proposición condicional se le llama «período hipotético». Por ejemplo:

si tuviera una escoba, cuántas cosas barrería

Dentro de estas oraciones compuestas se suele hablar también de «condicionante» para referirse a la proposición subordinada (porque es la que «condiciona») y «condicionado» para referirse al resto (que es propiamente lo que está condicionado):

condicionante: si tuviera una escoba
condicionado: cuántas cosas barrería

---

[18] Algunos autores incluyen este tipo de proposiciones entre las coordinadas.

En todo caso, y sin planteamientos excesivamente profundos, podemos decir:

- sintácticamente: son proposiciones que podemos considerar como CC del verbo principal

- semánticamente: significan una circunstancia condicionante o que pone una condición para que se cumpla lo significado por el verbo principal y el resto de la oración compuesta.

Vamos a distinguir simplemente dos clases de proposiciones condicionales según lleven su verbo en castellano:

- las que llevan su verbo en indicativo
- y las que llevan su verbo en subjuntivo

a) condicionales en indicativo (en castellano)

si vienes, verás una cosa
etortzen bazara, gauza bat ikusiko duzu

si lo oigo, te lo digo
entzuten (baldin) badut, esango dizut

si terminamos el trabajo, saldremos de casa
lana bukatuz gero, etxetik irtengo gara

Como podemos comprobar, hay varias maneras de construir en euskera estas proposiciones condicionales, de las que sólo presentamos tres ejemplos:

- añadiendo el morfema **BA-** al verbo auxiliar (**bazara**, **badut**)

- con la expresión **BALDIN** (que viene a ser un refuerzo) o sin ella

- utilizando la forma perfectiva o de participio del verbo al que se le añade el morfema **-Z** y la expresión **GERO** (**bukatuz gero**)

b) condicionales en subjuntivo (en castellano)

si se despertara ahora, llegaría a tiempo
orain esnatuko balitz, garaiz iritsiko litzateke

si hubieran ido, le habrían visto
joan izan balira, ikusiko zuketen

En euskera, estas oraciones presentan alguna dificultad respecto a las formas verbales, tal y como lo hemos visto en el estudio de la Morfología verbal, es decir, al exponer las distintas formas de esta clase de palabras que llamamos «verbos»[19].

[19] Véase pp. 94 y siguientes.

3. ERRORES MÁS FRECUENTES

Dentro del carácter «elemental» que tiene esta gramática, queremos incluir este último capítulo indicando algunos errores que se suelen cometer al hablar. La mayor parte de los errores que cometen los castellanohablantes al hablar en euskera se deben a que al hablar en euskera piensan en castellano y van traduciendo eso que piensan al euskera. Ahora, al exponer los errores más frecuentes, seguiremos el mismo esquema que hemos seguido a lo largo de todo el libro.

3.1. MORFOLOGÍA

3.1.1. MORFOLOGÍA DE LOS NOMBRES

- si nos preguntan cómo se dice algo en euskera, hay que contestar con su forma NOR, es decir, incluyendo la **-A** final, aunque de esta manera incorporemos el artículo. Por ejemplo:

  Si nos preguntan cómo se dice «libro» en euskera:

no se dice	**liburu**
se dice	**liburua** (en realidad, «el libro»)

- en euskera, cuando van juntos un sustantivo y su adjetivo correspondiente, sólo se declina el adjetivo; el sustantivo irá en su forma **mugagabea**. El error consiste en declinar los dos, el sustantivo y el adjetivo. Por ejemplo:

no se dice	**mutila gaztea**
se dice	**mutil gaztea**

– del mismo modo, y por la misma razón

no se dice	**etxea bat**
se dice	**etxe bat**

– como se puede observar, en euskera el sustantivo va delante del adjetivo, mientras que en castellano puede ir delante, y siempre va así cuando se trata de demostrativos o numerales; por eso hay que evitar el siguiente error:

no se dice	**hori neska** (esa chica)
se dice	**neska hori**

no se dice	**gutxi ogi** (poco pan)
se dice	**ogi gutxi**

– es frecuente referirse a los hijos (si hay hijas de por medio) siguiendo el modelo del castellano «hijos», en lugar de utilizar la expresión propia del euskera:

no se dice:	**semeak** (para decir «hijos e hijas»)
se dice:	**seme-alabak**

– cuando en castellano se utiliza una preposición (por ejemplo, «con», «en», etc.) que tiene varios significados, hay que tener cuidado al utilizar el morfema del euskera que corresponda. Por ejemplo:

no se dice	**esku batekin** (con una mano)
se dice	**esku batez**

no se dice	**autoan dator** (viene en coche)
se dice	**autoz dator**

– como no hay normas fijas para saber cuándo se debe usar la forma **mugagabea** ni cuándo una **-A** es orgánica o corresponde al artículo castellano, presentamos a continuación algunos errores frecuentes sobre estos usos:

no se dice	**gauz bat**
se dice	**gauza bat**
no se dice	**txorakeri bat** (una tontería)
se dice	**txorakeria bat**
no se dice	**urara bota** (echar al agua)
se dice	**uretara** (forma «mugagabea») **bota**
no se dice	**zenbat lagunak** (cuántos amigos)
se dice	**zenbat lagun**
no se dice	**zein herrian** (en qué pueblo)
se dice	**zein herritan**

– hay que tener especial cuidado con los casos en los que las palabras del euskera vienen del castellano; la tendencia es decirlas como en castellano sin tener en cuenta la **-A** que suelen llevar en euskera. Por ejemplo:

no se dice	**pertson**
se dice	**pertsona**
no se dice	**famili**
se dice	**familia**
no se dice	**idei** (idea)
se dice	**ideia**
no se dice	**arbol**
se dice	**arbola**

– es frecuente utilizar el caso NOR en lugar del partitivo, en las negaciones o en las preguntas. Por ejemplo:

no se dice	**ez dut liburuak** (no tengo libros)
se dice	**ez dut libururik**
no se dice	**ez dago ardoa** (no hay vino)
se dice	**ez dago ardorik**
no se dice	**txakurrak daude?** (¿hay perros?)
se dice	**txakurrik badago?**
no se dice	**sagardoa duzu?** (¿tienes sidra?)
se dice	**sagardorik baduzu?**

3.1.2. MORFOLOGÍA DE LOS VERBOS

Los errores que se producen en el uso de las formas verbales se deben principalmente a una mala construcción del verbo con las palabras que le acompañan. Por eso los incluimos en el apartado siguiente, «Sintaxis».

3.2. SINTAXIS

3.2.1. SINTAXIS DE LA ORACIÓN SIMPLE

– De una manera general, y ya lo hemos dicho antes[1], al hablar en euskera hay que tener cuidado de no ir traduciendo las palabras y las construcciones del castellano. Un error muy frecuente suele ser ir colocando las palabras en el mismo orden que cuando hablamos en castellano. Por ejemplo:

no se dice	**ez dut ikusi inoiz** no lo he visto nunca
se dice	**ez dut inoiz ikusi**
no se dice	**ez baduzu egiten** si no lo haces
se dice	**egiten ez baduzu**

– Este error aumenta cuando el cambio de orden de las palabras afecta a la **galdegaia** o elemento inquirido[2].

---

1 Véase p. 190.
2 Véase p. 153.

Por ejemplo, si alguien pregunta **non dago zure ama?** ¿dónde está tu madre?,

no se responde	**nire ama dago kalean** (que sería una traducción «paralela» del castellano «mi madre está en la calle»)
se responde	**kalean dago nire ama** (lo preguntado o galdegaia ha sido «dónde está» y la respuesta tiene que ser «en la calle está»)

– Respecto a la construcción sintáctica de la oración, un error muy frecuente es confundir el CD castellano con el CI; por esto se utilizan formas verbales que no corresponden. Por ejemplo

no se dice	**Peruk esan nau** Peru me ha dicho
se dice	**Peruk esan dit**

3.2.2. SINTAXIS DE LAS PROPOSICIONES SUBORDINADAS

Vamos a ver algunos errores frecuentes en la construcción de distintas proposiciones subordinadas.

– Por ejemplo, al construir proposiciones subordinadas sustantivas en función de CD o de Snor:

no se dice	**ez dakit nor da**
se dice	**ez dakit nor den** no sé quién es (subordinada sustantiva, CD o Snor, más concretamente interrogativa indirecta[3])

3 Véase p. 170.

– Este tipo de errores, que en el fondo son traducciones del castellano, suele ser muy frecuente. Por ejemplo:

no se dice	**igandea etorriko dela esan dit**
se dice	**igandean**[4] **etorriko dela esan dit**
	me ha dicho que vendrá el domingo

no se dice	**ez dut uste joan dela**
se dice	**ez dut uste joan denik** (porque la proposición depende de una construcción negativa[5])

no se dice	**ez dakit non dago Jon**
se dice	**ez dakit non dagoen Jon**

– Al construir subordinadas adjetivas también se suelen reproducir y calcar esquemas de la lengua española. Por ejemplo:

no se dice	**irakurri dut liburua erosi duzun**
ni se dice	**irakurri dut liburua erosi duzuna**

se dice	**erosi duzun liburua irakurri dut**
o también	**irakurri dut erosi duzun liburua**

– Respecto a las subordinadas adverbiales:

no se dice	**ez naiz joango zergatik ez dut nahi**
se dice	**ez naiz joango nahi ez dudalako**
	no iré porque no quiero

no se dice	**ez bazara etortzen, haserretuko naiz**
se dice	**etortzen ez bazara, haserretuko naiz**
	si no vienes, me enfadaré

---

4 Para evitar este error, puede ser conveniente analizar estos CC (el domingo = **igandean**) como elemento NOIZ. Véase nota 132, p. 150.

5 Véase nota 124, p. 151.

4. MODISMOS, LOCUCIONES, FRASES HECHAS Y CONSTRUCCIONES ESPECIALES[1]

1 Para todo lo relacionado con este capítulo, es de gran utilidad el diccionario de Ibon Sarasola, *Zehazki*, Alberdania, Irún, 2005.

Hasta aquí nos hemos ocupado tanto de la estructura interna de las palabras y de la manera de componer palabras nuevas (Morfología), como de las reglas para relacionar las palabras unas con otras y formar esas frases que hemos llamado «oraciones» (Sintaxis).

Ahora vamos a terminar esta *Gramática elemental vasca* exponiendo unos cuantos ejemplos de esas expresiones que podemos llamar «giros, frases hechas, modismos y construcciones especiales». Son palabras o pequeños conjuntos de palabras que constituyen algo ya hecho, «fosilizado», «cristalizado», incluso sin la lógica que hemos visto hasta el momento. Por ejemplo, si decimos «a pies juntillas», o sabemos qué significa esta expresión o no hay manera de entenderla ni analizarla, ya desde el momento en que «pies» es una palabra masculina y «juntillas» es femenina.

Otra característica que tienen estos «giros, frases hechas, etc.» es que no se pueden traducir a otro idioma traduciendo sus elementos. Si decimos «caer bien» estamos diciendo algo que no podemos traducir al inglés por «fall well». Y eso, aunque «fall» pueda significar «caer», y «well» signifique «bien». Si decimos «éramos cuatro gatos», parece claro que ni éramos «cuatro» ni éramos «gatos», pero nos entendemos. Con frecuencia, el significado de estas expresiones suele ser figurado o metafórico.

Entre los ejemplos que ofrecemos a continuación hay de todo: palabras sueltas que en euskera están en un caso de la declinación (tienen una forma, diríamos) que no se corresponde con su significado como lo podemos comprobar en su equivalente en castellano; adverbios o frases adverbiales porque equivalen a un adverbio; verbos con su CD que no se traducen con una estructura equivalente, etc.

Como decimos en la introducción, cuando aprendemos un idioma, aprendemos una serie de reglas que rigen en ese idioma y con ellas podemos decir («inventar») frases que nunca habíamos oído. Pues bien, esas reglas no nos sirven para utilizar estos «giros, frases hechas, etc». O los conocemos y sabemos qué significan, o no los podemos construir ni entender en su verdadero significado. Se aprenden por el mero uso, en muchos casos, un uso coloquial.

Incluso dentro de un mismo idioma puede que sean utilizados en unas zonas y no en otras. Así, podríamos señalar algunos giros típicamente mejicanos, no utilizados, por ejemplo, en España:

allá va, arrastrando la cobija
hay más tiempo que vida (nunca hay prisa)
lo más seguro es quién sabe
no te azotes que hay chayotes (un fruto con espinas)

Para simplificar la presentación de estos «giros, frases hechas...», hemos optado por el orden alfabético de los equivalentes en castellano. De este modo, empezamos por «a escondidas» y terminamos por «¡y un cuerno!».

a escondidas	**ezkutuan**
a medias (repartir)	**erdi bana**

a medias (hacer las cosas)	**erdizka**
a trancas y barrancas	**trikili-trakala**
ahí te las arregles	**hor konpon**
anda por su lado	**bere kasa dabil**
caerse de sueño	**logurak erretzen egon**
cantarle las cuarenta a alguien	**bereak eta bost esan**
ceder	**amore eman**
con los cinco sentidos	**begi-belarri**
con todos los pelos y señales	**zehatz-mehatz**
cuesta arriba	**aldapan gora**
dar el primer paso	**lehen harria ekarri**
de cualquier modo	**nolanahi ere**
de hecho	**izan ere**
de paso	**bide batez**
descanse en paz	**goian bego**
desnudo	**larru gorritan**
en efecto, precisamente	**hain zuzen ere**
está en tu mano	**zure esku dago**
estar hasta las narices	**kokoteraino egon**
estar hecho polvo	**lur jota egon**
hacer las cosas en caliente	**bero-beroan egin**
irse a la porra	**pikutara joan**
las pasé negras	**gorriak ikusi nituen**
llamar (por teléfono)	**kasu egin**
lo ha hecho por su cuenta	**bere kontura egin du**

lo he hecho por mi cuenta	**neure kabuz egin dut**
no importa nada	**bost axola**
no soy capaz	**ez naiz gauza**
no tengo nada (de dinero)	**ez dut sosik ere**
nunca jamás	**sekula santan**
poco más o menos	**gutxi gorabehera**
patas arriba	**hankaz gora**
por lo menos	**behinik behin**
por si acaso	**badaezpada ere**
por término medio	**batez beste**
resaca (de una borrachera)	**biharamuna**
resaca (del lunes)	**astelehen buruhandia**
sobre todo	**batez ere**
tengo hambre	**gose naiz**
tengo sed	**egarriak nago**
tirar para adelante	**aurrera jo**
venir a cuento	**harira etorri**
viento en popa	**haizea poparean**
¡y un cuerno!	**bai zera!**

Índice